ALESSANDRA PROFETI

CONSAPEVOLEZZA FELICE

Come Riscoprire Il Proprio Potenziale Creativo Senza Giudicare e Criticare Se Stessi

Titolo

"CONSAPEVOLEZZA FELICE"

Autore

Alessandra Profeti

Editore

Bruno Editore

Sito internet

http://www.brunoeditore.it

Tutti i diritti sono riservati a norma di legge. Nessuna parte di questo libro può essere riprodotta con alcun mezzo senza l'autorizzazione scritta dell'Autore e dell'Editore. È espressamente vietato trasmettere ad altri il presente libro, né in formato cartaceo né elettronico, né per denaro né a titolo gratuito. Le strategie riportate in questo libro sono frutto di anni di studi e specializzazioni, quindi non è garantito il raggiungimento dei medesimi risultati di crescita personale o professionale. Il lettore si assume piena responsabilità delle proprie scelte, consapevole dei rischi connessi a qualsiasi forma di esercizio. Il libro ha esclusivamente scopo formativo.

Sommario

Introduzione — pag. 5
Capitolo 1: Come apprezzare il tempo — pag. 9
Capitolo 2: Come rilassarsi completamente — pag. 20
Capitolo 3: Come vivere in presenza — pag. 33
Capitolo 4: Come entrare in contatto con il corpo — pag. 44
Capitolo 5: Come incontrare la bellezza — pag. 56
Capitolo 6: Come scoprire la sinestesia — pag. 83
Capitolo 7: Come siamo influenzati dai pensieri — pag. 92
Capitolo 8: Come riconoscere le proprie emozioni — pag. 119
Capitolo 9: Come sentirsi liberi di esprimersi — pag. 143
Capitolo 10: Come realizzare il proprio mondo — pag. 150
Conclusione — pag. 162

Introduzione

Questo testo sarà utile a chi detesta lo specchio e a chi lo ama troppo... A chi ha voglia di esaminarsi nel profondo, senza percepire ancora la globalità del suo essere... A chi sa che l'immagine è importante, ma è cosciente che non è proprio il quadro completo...

A chi "abita" il corpo senza viverlo... A chi ha perduto la gioia data dai colori del tramonto, dal canto di un uccellino o dalla freschezza dell'onda del mare... A chi si vergogna delle proprie emozioni e dei propri stati d'animo... A chi dà tutto per scontato senza incantarsi... A chi sente senza ascoltare... A chi ragiona senza sognare.

È un testo rivolto a chi pensa sempre... A chi si preoccupa degli altri e non riesce a mollare... A chi vuole avere più coraggio, quel coraggio di riconoscere i propri limiti e, accettandoli, vuole provare ad andare oltre... A chi lavora già con l'arte, la musica, il movimento per vedere la prospettiva dell'interdisciplinarietà.

Questo testo è rivolto a chi di fronte ai suoi mille impegni ha voglia di staccare la spina, spinto da una voglia pazza (o anche piccola) di giocare, nel vero senso della parola. "Mettersi in gioco" è la parola chiave e, chi lo desidera, può farlo anche con un figlio o con un nipote.

Questa lettura è appropriata per chi ha paura o per chi ama tantissimo il silenzio, nato dall'incontro con la propria interiorità, per chi, di fronte all'uso sproporzionato del computer e delle nuove tecnologie, vuole riscoprire il proprio lato creativo e accettare la sfida del secolo: stare un po' in silenzio e dare spazio alla Non parola, per conoscere altri linguaggi e vedere come sono potenti, efficaci, diretti.

Quale promessa posso garantire? Che cosa potrà ottenere il lettore alla fine del percorso intrapreso?
Ogni persona, al di là dell'età, della cultura o dell'esperienza precedente, riuscirà ad entrare in contatto con il proprio bambino interiore.

Ogni persona riuscirà ad ascoltare la meraviglia, a godere della lettura di una fiaba per imparare il valore delle parole e dei pensieri, a muovere il corpo per la sola gioia che questo significa, a divertirsi e a giocare con i colori, a scoprire l'ebbrezza dei cinque sensi, ad entrare nel regno delle emozioni, ad innamorarsi della bellezza...

Ogni persona, al di là dell'età, della cultura o dell'esperienza precedente, riuscirà a rinunciare a vedere solo la dualità, a vedere solo tutto bianco o tutto nero o solo il bicchiere mezzo vuoto.

È un cambio di prospettiva lento e graduale, effettuato attraverso un'unità di lavoro a scadenza settimanale o quindicinale per avere il tempo di sedimentare, riflettere, rielaborare e poter annotare sul "diario di bordo" ogni parola o anche una sola, quella parola nata dal vissuto.

Ogni persona, al di là dell'età, della cultura o dell'esperienza precedente, riuscirà ad essere presente al corpo che si muove e a quello che sta fermo, ad ascoltare la musica e scoprire la sinestesia, ad essere cosciente delle emozioni vissute e a tradurle in disegni astratti, a gustare la meraviglia e a farla divenire poesia libera.

Ognuno riuscirà così a concentrare l'attenzione sul corpo, sulle sensazioni, sugli stati d'animo, e a sentirsi dunque legittimato a trasformare il vissuto in movimento, in disegno o in parole.
Buon viaggio!
Alessandra

Capitolo 1:
Come apprezzare il tempo

Benvenuti in questo splendido viaggio!
Salve, mi chiamo Alessandra Profeti e sono un'insegnante, lavoro da molti anni con bambini di scuola primaria e d'infanzia. Sono psicomotricista e mi occupo di Danza Movimento Terapia.

Questo testo s'intitola "Consapevolezza Felice" perché è un percorso tra musica, arte, movimento, fiabe e poesie. Non è solo per bambini e potrete leggerlo con figli e nipoti, sarà utile a tutti per tirar fuori il proprio lato creativo!

Siamo in un momento di grande abuso di parole, di sms, di internet… e molto spesso la nostra mente è davvero colma!

E allora… di cosa abbiamo bisogno? Abbiamo bisogno di fermarci, di ascoltare il cuore, di entrare in contatto con le nostre emozioni.

Questo testo vi aiuterà a riscoprire il corpo, il vostro lato bambino, a meravigliarvi, a innamorarvi della bellezza!

Non farete dei movimenti particolari per mostrare un'abilità, non disegnerete per cercare un voto, non metterete per iscritto le vostre emozioni per essere valutati, ma lo farete semplicemente per la libertà di esprimervi!

Tutto ciò vi consentirà di offrire un contributo. A cosa? A voi stessi, al mondo, alla vita! Occorre semplicemente fermarsi.
Semplicemente ascoltarsi.
Buon viaggio!

Questo viaggio si snoda tra proposte semplici, ma che allo stesso tempo sono davvero efficaci. Vi chiedo di avere il coraggio di ritrovare il tempo del silenzio e di "lanciarvi" nel gioco, senza alcuna valutazione.

Voglio riflettere con voi sul valore del tempo... Perché corriamo in modo convulso e non riusciamo a fermarci? Com'è davvero questo nostro tempo? Qual è il suo valore? Siamo davvero presenti in questo tempo?

E, dopo aver cercato le risposte a queste domande (e magari dopo averle scritte nel nostro "diario di bordo"), dopo la data del giorno odierno, regaliamoci dieci minuti per osservare questa foto.

Guardate l'immagine con attenzione, cercando i dettagli, immaginando i suoni e rumori dell'ambiente, la sensazione sulla pelle, il profumo e il sapore dell'aria...

Immaginatevi mentre camminate in questo luogo e la sensazione del passo sopra la neve... Chiudete gli occhi e visualizzate ogni particolare, sentendo il corpo intero... sentendo la connessione con ogni elemento del paesaggio. Ascoltate il cuore e il respiro lento e profondo. Siete lì e gustatevi ogni attimo del qui ed ora.

Successivamente, annotate sul "diario di bordo" tutte le sensazioni e le emozioni vissute, alle quali potrete aggiungere un disegno, un simbolo, una poesia... per fissare nella memoria questo momento intenso di vera vita.
Il viaggio è iniziato! Complimenti!

Per riflettere sul valore del tempo, leggete con calma questa poesia, cercando di sentire la valenza di ogni parola. Potreste registrarvi, mentre la leggete a voce alta e poi riascoltatevi per apprezzarla ancora di più. È una poesia che dedicate a voi stessi.

Ti auguro tempo
Non ti auguro un dono qualsiasi,
ti auguro soltanto quello che i più non hanno.

Ti auguro tempo per divertirti e per ridere;

se lo impiegherai bene, potrai ricavarne qualcosa.
Ti auguro tempo per il tuo fare e il tuo pensare,
non solo per te stesso, ma anche per donarlo agli altri.
Ti auguro tempo non per affrettarti a correre,
ma tempo per essere contento.

Ti auguro tempo, non soltanto per trascorrerlo,
ti auguro tempo perché te ne resti:
tempo per stupirti e tempo per fidarti
e non soltanto per guardarlo sull'orologio.
Ti auguro tempo per guardare le stelle e
tempo per crescere, per maturare.
Ti auguro tempo per sperare nuovamente e per amare.
Non ha più senso rimandare.

Ti auguro tempo per trovare te stesso,
per vivere ogni tuo giorno, ogni tua ora come un dono.
Ti auguro tempo anche per perdonare.
Ti auguro di avere tempo per la vita.
Elli Michler

Questa poesia è come la sintesi di tutto questo ebook, parla del tempo, quindi della vita e rappresenta un augurio per tutti!

Questo ebook vuole essere un dono, un tempo per giocare, per divertirsi, per riflettere, per staccare la spina dal solito tran tran, per ritrovare quello che è il nostro lato bambino, la meraviglia, la capacità di stupirsi, di innamorarsi di ciò che è bello, di ciò che è sano, di ciò che ci fa stare bene!

Buon tempo!

Adesso, pensate ad un'immagine di vera rinascita, di un lungo ed eterno rifiorire. Un'immagine da osservare con cura in ogni sfumatura di colore… Immaginate suoni e rumori dell'ambiente, sentite sulla pelle la delicatezza profumata di ogni petalo, sentite il racconto dell'albero che porta fiori e frutti… Chiudete gli occhi e visualizzate… Respirate la primavera che invade dolcemente il corpo, portando vitalità e freschezza…

Annotate sul "diario di bordo" le sensazioni, lo stato d'animo con un disegno, una poesia, una storia… dopo aver segnato la data del giorno odierno.

Adesso vi presento il libro che s'intitola "Vorrei un tempo lento lento" di Luigina Del Gobbo e Sophie Fatus, che è delizioso per il contenuto e per le illustrazioni davvero stimolanti.

A prima vista, appare un libro per piccoli, ma non ne sarei proprio sicura…
Infatti è una lunga filastrocca legata alla parola Tempo e ad un'altra parola che è molto importante e cioè la parola "Lentezza". Perché la lentezza è importante?

Per rispondere a questa domanda vi propongo un semplicissimo gioco: per alcuni minuti camminiamo in modo rapido e poi per altri minuti in modo lento.

E dopo poniamoci queste domande: "Ma qual è la differenza? Cosa cambia dal camminare veloce al camminare lento? Cos'è che sento quando cammino lentamente e cosa quando cammino rapidamente?"

Se faremo questo semplice gioco in modo attento e ci concentreremo davvero su noi stessi, ci accorgeremo di determinati cambiamenti nel sentire il calore del corpo, il peso del piede che si appoggia, il movimento di tutto il corpo che va in avanti…

Proviamo di nuovo ad alternare la marcia lenta a quella veloce e viceversa; poi focalizziamoci sulla percezione della differenza anche all'interno del corpo, per esempio nel respiro, nel battito del cuore.

Facciamo una semplice camminata, sentendo molto bene l'appoggio dei piedi a terra, sentendo molto bene il corpo, prestando attenzione a cosa cambia nel corpo.

E queste piccole sensazioni annotiamole sul nostro "diario di bordo" dove scriviamo la data di oggi, la "camminata veloce", con relative sensazioni, e poi la "camminata lenta", con altrettante osservazioni.

Occorre sperimentare!

Adesso vi invito ad esplorare un po' questo testo, leggendolo con calma...

"Vorrei un tempo lento fin dal primo mattino… uscire dal mio letto caldo guscio io pulcino.
Vorrei un tempo attorno per fare un po' di tutto e crescere ogni giorno prima in fiore poi in frutto.
Vorrei un tempo lungo… andare a piedi a scuola seguendo una farfalla che nel vento viaggia sola.
Vorrei un tempo allegro ma con un po' di grigio e con numeri e parole fare giochi di prestigio.

Vorrei un tempo zitto per sentire il mio respiro e tuffarmi a capofitto nel silenzio, quello vero.
Vorrei un tempo utile per liberar le mani e costruire mondi che sembrano lontani.
Vorrei un tempo vuoto, lo vorrei assente per stare ad occhi chiusi e poter non fare.
Vorrei un tempo antico con voli di aquiloni… il nonno come amico per inventare canzoni.
Vorrei un tempo lento a forma di bambino che vuol far da solo avendoti vicino. (…)"

Continuate questa storia. Cosa vorreste voi?
A questo punto, occorre proprio chiedersi: "Che tempo vorrei?". Basta

iniziare delle frasi scrivendo "Vorrei un tempo" e continuare con un aggettivo, tipo lento, giocoso, lungo, fitto, vuoto, allegro, misterioso, gustoso, freddo...

Dopo occorre domandarsi: "Per cosa?", "Cosa desidero fare in questo tempo?". Basta anche una semplice frase, non bisogna preoccuparsi di scrivere chissà che cosa! Questo testo è una filastrocca, ma in realtà non è necessario cercare le rime, è indispensabile scrivere liberamente quello che si sente e come lo si sente, senza alcuna preoccupazione perché non è un compito, è un gioco!

Capitolo 2:
Come rilassarsi completamente

Quale tempo occorre regalare a noi stessi e ai bambini e può essere considerato prezioso per la nostra e la loro crescita completa?

È essenziale per il nostro benessere la consapevolezza, la capacità di gestire le emozioni e di provare empatia nei confronti di se stessi e degli altri e queste competenze, per la vita, vanno perseguite fin da piccoli.

Sappiamo dalla neurobiologia che il cervello cresce fino a venticinque anni circa e quindi il definirsi dei circuiti cerebrali dipende in gran misura dall'esperienze del bambino.

I vissuti plasmano i circuiti neuronali della socialità, dell'emotività e i bambini, aiutati a tranquillizzarsi quando sono agitati, sviluppano una maggiore forza nei circuiti cerebrali preposti alla gestione del dolore.

I genitori sono quella base sicura da cui i bambini possono partire per avventurarsi nel mondo, nella vita. Se i bambini

padroneggiano meglio le emozioni, riescono ad essere migliori anche come studenti, come atleti...
Sappiamo benissimo quanto l'ansia limiti (o addirittura distrugga) l'apprendimento e sappiamo quanto il successo (in ogni ambito) dipenda in gran parte dalla capacità di mantenere relazioni sociali positive.

Già dai cinque anni, si possono fare semplici esperienze con i bambini, che diventano parte della routine familiare e siano proprio tese a sviluppare la loro forza interiore.
I bambini però, prima di tutto, fin da prima di nascere, hanno bisogno di avvertire che l'adulto che si prende cura di loro sia stabile e creda nel loro valore.

In questo momento storico, dove abbondano le sovra stimolazioni e il nostro cervello è spesso sotto pressione, occorre davvero sperimentare istanti di calma affinché possano diventare un angolino di pace. Si può quindi strutturare il momento con un semplice rituale: anche i bambini adorano i rituali e questo conferisce sacralità al tempo e allo spazio.

Occorre definire lo spazio, che può essere abbellito con immagini rilassanti, con un fiore o una pianta, con una candela profumata alla rosa o alla lavanda, con cuscini morbidi o con un materassino non troppo spesso...

Occorre definire il giorno e l'orario che andrà conservato nel tempo, va scelto il segnale d'inizio e di fine del rilassamento, ad esempio il suono di una campanella; vanno predisposti fogli e colori, mandala da colorare... La gradualità del percorso è garanzia di successo e di apprendimento per tutti!

All'inizio l'incontro sarà breve perché, essendo richiesta un'attenzione particolare, profonda, è meglio procedere lentamente e riconoscere lo sforzo.

Il percorso che propongo nasce dalla lunga esperienza sia con bambini della scuola d'infanzia che della primaria, ma la gradualità che suggerisco può essere adatta anche a ragazzi e ad adulti che si approcciano a questa esperienza per la prima volta.

Ogni proposta può essere ripetuta nel tempo con cadenza bisettimanale e l'ordine numerico offre una difficoltà crescente, ma ovviamente nulla toglie dal ripetere la stessa per più tempo. Non c'è nessuna fretta!

1) Si può raggiungere la distensione del corpo (e quindi la maggiore consapevolezza) grazie al contatto; è sufficiente passare dolcemente le mani sopra il capo, sollevarle e sentire la testa senza toccarla e così percorrere tutto il corpo: il volto, il collo, le spalle, le braccia, le mani e le dita, il petto, la pancia, i glutei, le cosce, le gambe, i piedi.

2) Il massaggio si può fare con un buon olio profumato che rende elastica la pelle (come ad esempio l'olio alle mandorle), ma lo si può anche immaginare… un olio colorato e profumato all'odore preferito di… banana, fragola, mughetto… e si massaggia il corpo intero: la testa e il viso… il busto… il bacino… le gambe… le braccia… tutto il corpo, cercando di arrivare sia davanti che dietro e, mentre si massaggia, ci si muove un po' su e un po' giù… per far arrivare amore e dolcezza da tutte le parti… perché il corpo senta "Ti voglio bene!" e "Ti ringrazio tanto".

3) La pioggia può risultare noiosa, ma se diventa un massaggio, un dolce picchiettio, fatto con un dito alla volta su tutto il corpo, mentre si chiudono gli occhi… "Oggi la pioggia è di colore… come…", "Ha il profumo di…", "Ha il sapore di…"

Una gocciolina dopo l'altra su tutto il corpo, un dito che percorre il corpo delicatamente con un ritmo costante diventa una pioggia di felicità... una pioggia di coraggio... una pioggia di armonia...

4) Un massaggio che piace tanto è... la "pizza"!
Il bambino o il ragazzo sta disteso a pancia in giù e... prima si versa la farina e si spalma delicatamente su tutta la schiena... un pizzico di lievito cade dolcemente qua e là... si versa l'acqua "Scccc..." come una piccola cascata. S'impasta tutto a piene mani, si sparge qua e là il pomodoro... la mozzarella... e tutti gli altri ingredienti, cercando di variare di volta in volta il tipo di contatto che sarà comunque piacevole...

Alla fine la pizza è pronta per essere infornata! Si alita il calore sulla schiena e, quando è cotta, si taglia e si assaggia. Una pizza davvero speciale!

5) Un massaggio piacevole e sicuramente semplice è quello fatto con una pallina di gommapiuma. Si tratta di una pallina "girellina" che vuole viaggiare lungo il corpo; si parte dalla fronte, poi s'arriva al viso... scende giù per la spalla sinistra, il

braccio e la mano sinistra… risale su e dalla spalla destra va giù per il braccio e la mano destra…

La pallina non si stacca mai dal corpo e viaggia sul petto… sull'addome… sul bacino… sulla coscia sinistra, sulla gamba e sul piede sinistro per risalire su e di nuovo scendere fino alla coscia destra, alla gamba e al piede destro e infine la persona si gira e si pone a pancia in giù con le braccia distese lungo il corpo.

Il viaggio riprende dalla schiena e, prima di "salutare", percorre senza pressione la colonna vertebrale. La pallina va leggermente premuta e, via via, può essere utile indicare le varie parti del corpo in modo tale che questo consenta l'acquisizione della nomenclatura e favorisca la costruzione di una sana e completa immagine corporea.

Questo gioco è la semplificazione della tecnica "psico-contatto" creata dal dottore Guido Pesci, efficace grazie alla sua enorme valenza educativa e terapeutica anche per bambini o ragazzi con disabilità. È da considerarsi una tecnica di rilassamento ed è consigliabile accompagnarla con l'ausilio di musiche lente e se possibile a 432 hertz.

6) Mettersi seduti a gambe incrociate o distesi a pancia in su, in ascolto, con gli occhi chiusi e cercare di percepire tutti i suoni che provengono dall'esterno della stanza, poi percepire il proprio respiro e il cuore. Sentire ad occhi chiusi come è appoggiato il corpo, quali sono le parti di contatto con la base di appoggio e lasciare andare il peso.

Dopo questa breve esperienza, che all'inizio non durerà più di dieci minuti, sia i grandi che i piccini, potranno raccontare e disegnare le sensazioni provate, scegliendo determinati colori che corrispondano al vissuto. Può capitare che il corpo percepito non corrisponda all'immagine di quello che abbiamo davanti allo specchio: ad esempio il disegno potrà avere la testa quadrata, una gamba più lunga dell'altra, le braccia pesantissime...
Va tutto benissimo! La parola d'ordine è "Constatare"! Lo sento, lo percepisco ed è tutto perfetto così com'è, in questo preciso momento!

7) Mettersi distesi a pancia in su, sistemarsi bene, slacciare la cintura o quant'altro dia noia, tenere le braccia lungo il corpo e le gambe distese. Respirare in modo profondo, inspirando dal naso e contando fino a cinque, trattenere l'aria ed espirare dalla bocca

contando fino a cinque. Ripetere questo gioco due o tre volte e, quando ci sentiamo rilassati, continuare semplicemente per qualche minuto a stare nella presenza, data dalla capacità di seguire il respiro.

8) Ripetere il gioco precedente e, quando il respiro è lento e tranquillo, visualizzare un bellissimo colore, un colore che ci dona pace... energia... tranquillità... forza calma...
Il colore, insieme all'aria, piano piano entra nel corpo... Riempie la testa, il collo, il petto, la pancia, le gambe, i piedi. Il colore riempie le braccia, le mani, la schiena... Il corpo è pieno di calma, di energia, di forza calma...

Adesso, basta concentrarsi un momento per fissare nella memoria questo vissuto meraviglioso... Basterà chiudere gli occhi per far tornare queste sensazioni bellissime!
Si può poi realizzare il disegno del corpo colorato o disegnare semplicemente il colore che ci offre queste qualità di tranquillità e di forza e porre il disegno in un luogo ben visibile.

9) Ora si impara una tecnica di rilassamento, chiamata Jacobson, come il medico che l'ha inventata. Propone di alternare la contrazione dei muscoli al loro rilasciamento.
Ci si sistema a pancia in su, si inizia con il braccio destro sollevato, leggermente obliquo e si stringe forte la mano a pugno, poi si rilassa la mano e subito dopo il braccio che ricade giù con tutto il peso. La stessa cosa si ripete altre due volte.

Ugualmente si fa con braccio e mano sinistra per tre volte e per altre tre con ambedue. Si solleva un po' la gamba destra e la si allunga con il piede teso, come se si dovesse spingere in avanti e poi si lascia andare tutto il peso, anche questo per altre due volte.

E ancora lo si ripete con gamba e piede sinistro per tre volte e lo stesso con ambedue per altre tre. Si sollevano le spalle verso le orecchie e si lasciano andare, sempre per tre volte. Si strizzano gli occhi e si lasciano andare, per tre volte. Si spalanca la bocca al massimo e poi si rilassa, di nuovo per tre volte. Si portano le braccia appoggiate in alto e si tende tutto il corpo, come se si fosse diventati di legno, e si lascia andare per tre volte.

Riportiamo, infine, le braccia lungo il corpo e godiamo delle sensazioni di rilassamento che questo ci regala. Il corpo respira, sentiamo l'energia che circola, gustiamo il corpo che vibra!
Fissiamo nella memoria questo vissuto, questa tranquillità profonda che nasce dal sentirsi interi, vivi, presenti. Quando siamo pronti, possiamo stiracchiarci e aprire gli occhi.

Possiamo dopo questa esperienza porsi delle domande, del tipo:
- Come mi sento adesso?
- Quali sensazioni sto provando?
- Quale emozione sto vivendo ora?
- Come posso rappresentare la contrazione? Con quali colori? E se fosse una linea o una forma?
- Come posso rappresentare il rilassamento? Qual è il suo colore o la sua forma?

Queste domande sono dei possibili stimoli, ma è bene dare spazio a tutte le eventuali rielaborazioni del vissuto, perché il disegno, la poesia o il testo libero aiutano a rinforzare le sensazioni positive e a creare il focus, rendendoci più coscienti.

10) Per nutrire e sviluppare la nostra forza interiore, occorre riuscire a fermarsi, a riconnettersi all'ascolto del corpo, dello

spazio intorno, delle percezioni e delle emozioni vissute durante i momenti di relax, grazie alla presenza vera al qui ed ora.
Per allenare la presenza mentale al qui ed ora sono utili giochi di tipo sensoriale, come ad esempio identificare il sapore di un frutto mangiato ad occhi chiusi, individuare un oggetto esplorato con il tatto, trovare un oggetto della stanza corrispondente alla descrizione…

Quando vi è l'occasione, sicuramente è bello sperimentare la consapevolezza del momento presente, quando si è a contatto con la natura, come ad esempio stare in silenzio ad ascoltare l'infrangersi delle onde, guardare il movimento delle nuvole nel cielo azzurro, osservare la danza delle fronde in un bosco…

11) Quando accade qualcosa di sgradevole, è importante divenire coscienti delle emozioni e dei pensieri collegati alle vicende ed è senz'altro utile concentrarsi sul respiro. Possiamo metterci distesi a pancia in su, piegare le gambe appoggiando bene i piedi a terra e gonfiare la pancia come un palloncino, inspirando ed espirando profondamente.

12) È utile disegnare i motivi di malessere, di conflitto, di preoccupazione, perché, anche durante il disegno, soprattutto i bambini, riescono a rielaborare e talvolta a risolvere.

Può essere utile realizzare "il cestino della rabbia", come suggerisce lo psicologo Daniele Novara.
Il cestino della rabbia è un oggetto semplice, può essere anche la confezione di carta di un panettone decorata che si può prendere tutte le volte che capita di litigare, di vivere situazioni sgradevoli, per porre dentro disegni e oggetti fonte di disagio.

Nel cestino vanno così a finire i pensieri rabbiosi, le paure, i dolori… E questo ci consente di tirar fuori il vissuto, di dare legittimità alle emozioni e ai sentimenti e trovare l'occasione poi, con il passare del tempo, di verificare se l'esperienza ha esaurito la sua valenza emotiva e ha dato spazio ad una rielaborazione positiva.

13) Quando capita di trovarsi in riva al mare, è sicuramente prezioso prendersi un momento per sentire bene l'appoggio dei propri passi, l'impronta sulla sabbia e… per respirare a fondo, sentire l'odore del salmastro, seguire il respiro e, nello stesso

tempo, seguirne l'onda. Si può visualizzare l'onda del respiro e quella del mare in sintonia per poterlo rivivere anche altrove.

Capitolo 3:
Come vivere in presenza

Quello che capita nella nostra vita molto spesso è di vivere senza accorgersene, di essere in una corsa sfrenata senza consapevolezza. E allora il tempo per fermarsi, il tempo per ascoltarsi, il tempo per riflettere sulle proprie emozioni, sui propri vissuti, sulle sensazioni diventa veramente un tempo prezioso, forse l'unico tempo di vera vita!

Questo è sicuramente qualcosa su cui gli adulti hanno il dovere di riflettere e aiutare anche i bambini a fermarsi, a permettersi di fantasticare e sognare, a giocare attivamente, a non avere più paura delle perdite di tempo. Questo perché si vive nel momento in cui siamo consapevolmente presenti a noi stessi!

Se si mangia... stiamo mangiando, quindi si sente il sapore del cibo, il suo profumo, la sua consistenza. Se si cammina... si sente il nostro corpo mentre appoggia i piedi a terra, si sente il nostro movimento e si vive all'interno dello spazio, coscienti anche dell'ambiente che ci circonda nel qui ed ora.

Non nel passato, non nel futuro, semplicemente presenti adesso, quindi possiamo regalarci dei momenti... oserei dire... dei rituali, in cui ci possiamo permettere il lusso di spegnere la televisione, il computer, il cellulare e l'unica cosa che rimane è il gioco della consapevolezza!

La presenza a noi stessi è una parola chiave che ci offre benessere, ci mantiene nel qui ed ora perché ci dà la consapevolezza di una vita piena e totale!
Quindi, riappropriamoci della Presenza, intesa proprio come presenza ai colori, presenza ai sapori, presenza a tutte le sensazioni che riceviamo dal corpo.

C'è un proverbio indiano che racchiude questo tema, che corrisponde proprio all'attenzione, alla concentrazione, al riuscire a stare connessi alla realtà, al sentirsi vivi... Il mondo ha bisogno di persone vive! Se fai una cosa falla bene.

A un uomo molto esperto di meditazione un giorno venne chiesto come fosse possibile che, nonostante le sue numerose attività, fosse in grado di gestire così bene la sua vita e lui rispose:
"Quando sto in piedi... sto in piedi.

Quando cammino... cammino.
Quando sono seduto... sono seduto.
Quando mangio... mangio.
Quando parlo... parlo".

E, a quel punto, la gente lo interruppe dicendo:
"Ma questo lo facciamo anche noi! Ma tu, oltre a questo, che cosa fai in più?"

Allora egli disse di nuovo:
"Quando sto in piedi... sto in piedi.
Quando cammino... cammino.
Quando sono seduto... sono seduto.
Quando mangio... mangio.
Quando parlo... parlo".

La gente lo interruppe di nuovo dicendo:
"Ma questo lo facciamo anche noi!"

E lui allora disse:
"No, voi quando state seduti, siete già in piedi... Quando state in piedi, correte già. Quando correte, siete già arrivati alle vostre

mete."

Questo è il rischio che possiamo vivere tutti e, pertanto, bisogna ritagliarci un tempo da dedicare alla totalità della presenza. Tutto ciò dobbiamo farlo mentre compiamo delle azioni quotidiane, ad esempio mentre si pulisce, mentre si aggiusta un qualcosa, mentre ci laviamo i denti...
E lo possiamo imparare dal gioco dei bambini perché, quando giocano, li possiamo osservare totalmente immersi e, in quel momento prezioso, loro stanno davvero lì, con tutta la loro unità corpo-mente, fantasia e realtà.

Noi dobbiamo rimparare questa cosa e prenderci dei momenti che siano di piena consapevolezza!
Se ad esempio rimetto a posto i piatti e sono davvero lì, sento le sensazioni che mi trasmette l'acqua, sento il profumo del detersivo... non sono sensazioni particolari, ma in quel momento sono davvero vivo perché sono davvero presente in quello che sto percependo!

Cerchiamo perciò, all'interno della nostra giornata, un momento di reale presenza: può essere ad esempio camminare quando si va da casa all'ufficio... e in quel momento si cammina e basta! Sento il mio passo, il mio respiro, guardo l'ambiente, colgo le sfumature e gli odori, sento i suoni…

È chiaro che se noi faremo questa esperienza di presenza in un ambiente naturale, lungo la spiaggia o nel bosco… ovviamente ne ricaveremo momenti di vita profonda!

Le due parole chiave sono "presenza al corpo" e "attenzione a tutto quello che giunge dai nostri sensi" e possono bastare anche solo dieci minuti al giorno, ma se riusciremo a ritagliarceli…

Questi dieci minuti ci daranno la carica per un'intera giornata e ci riprenderemo con un altro sprint, con nuova rinnovata energia!

Quando si ascolta il corpo, questo ci dà ovviamente delle sensazioni, delle emozioni e la cosa importante è cercare di individuare anche da quali zone del corpo riceviamo messaggi. Quindi, se facciamo un gioco di movimento e poi ci fermiamo all'improvviso, possiamo in quel momento di "stop", ascoltare, iniziando dalle cose più evidenti, come ad esempio il peso del corpo, il calore, la dimensione, la forma del corpo.

Si può fare la stessa cosa anche durante un gioco di rilassamento che costituisce un momento di vera presenza e, durante questa esperienza, il corpo può essere percepito non per come lo conosciamo allo specchio, ma per quello che ci comunica in quell'istante, quindi se sentiamo la testa quadrata... è tutto ok!

Quello che conta davvero è il vissuto, quello che stiamo provando e possiamo sentirci più lunghi, più magri... possiamo non sentire alcune parti...Tutto questo non ci deve preoccupare, dobbiamo semplicemente constatare, è sufficiente avere la consapevolezza di quello che stiamo sentendo. Questa attenzione al corpo, poi, chiaramente si modifica perché più noi troveremo un momento di tranquillità, più lo ascoltiamo, più il corpo ci parlerà e si diventerà sempre più presenti!

Ringrazio il mio corpo di Francesco Menconi
Ringrazio il mio corpo per la voce,
per quel suo parlare silenziosamente
per il suo essere sempre presente,
lo ringrazio per i sogni e le possibilità,
per tutti i mezzi che mi dà,
per essere sempre al meglio,
di quello che può donare,
per saper correre, arrampicarsi, nuotare,
per saper usare la forza e la delicatezza,

per poter sentire nella forza di una mano,
il tocco di una carezza,
ringrazio il mio corpo,
per il sudore ed il profumo,
per essere tutto in un tutt'uno,
per farmi sentire il mondo attraverso i sensi,
gli altri attraverso il cuore,
per donarmi nel movimento
il dono primo dell'amore…
Ringrazio il corpo.

Corpo di Roberto Piumini
E prima di prendere mano prendi corpo, il tuo.
Per un momento dividi dal mondo dentro la pelle
quello di fuori,
e senti che è aperto:
che l'aria vi entra e ne esce e senti che dura
morbido e caldo e che mette germogli in cima alle dita e in cima
brulica di profondi
capelli, e tocca e pensa il buon orizzonte
per cui vengono e vanno a milioni fili di fiumi rossi.
Il corpo carta scritta infinite volte e riscritta

dal muto sapore del sangue.

Scrivi di Roberto Piumini
E con corpo trovato e ritrovato leggero
rinnovato pensiero, corpo pronto e forte
teso cerchio sapiente
attento corpo acceso
zolla infinita di desideri
corpo intero e profondo che sillaba il suo sale
la sua ansia di fiore
la sua danza d'amore purché sia una danza d'amore,
riprendi quella carta e scrivi la poesia.

Queste poesie hanno messo in evidenza alcune caratteristiche del corpo: la prima è quella interiore, la seconda quella esteriore, come percepiamo l'interno, come percepiamo l'esterno.

Quando facciamo dei giochi di movimento, se ogni tanto ci fermiamo, nella pausa possiamo ascoltare le sensazioni sia quelle che provengono dall'interno che quelle che giungono dalle parti più esterne. E, anche quando viviamo un momento di rilassamento, possiamo cogliere quello che proviene dal cuore, dagli organi interni, anche se non li visualizziamo.

Perciò, portiamo innanzitutto l'attenzione a quella che è la parte esterna e quindi rilassiamo... mani... braccia... spalle... busto... bacino... cosce... gambe... piedi e sentiamo tutto il davanti e anche tutto il dietro del corpo...

In seguito, mentre si respira e ci si rilassa sempre di più, si cerca di sentire proprio il peso del corpo... più il corpo si rilassa... più diventa pesante... e sentiamo anche l'interno, tutte le sensazioni che provengono dagli organi interni... ascoltiamo... senza criticare... lo accogliamo così com'è in questo momento... nel qui ed ora...

Dopo un'esperienza di movimento o di rilassamento è bene scrivere sul nostro "diario di bordo" la data e tutte le sensazioni vissute senza alcun giudizio!

Semplicemente constato la mia forma, il mio peso, la mia dimensione, il volume... tutte le sensazioni che il mio corpo in questo momento preciso mi regala e lo accolgo esattamente così com'è!

La forma del corpo da sentire... da ascoltare... da disegnare...

3.1. Il risveglio del corpo

Adesso impariamo a risvegliare il corpo con la musica ritmica, scegliamo una musica allegra e vivace e cominciamo stando in piedi muovendoci liberamente, seguendo questo ritmo con le dita... i polsi... i gomiti... le spalle... le braccia... la testa... il busto... il bacino... Ci mettiamo seduti a terra e muoviamo i piedi... le gambe...

E poi cerchiamo piano piano di muovere un po' tutto il corpo, a seconda delle nostre possibilità...

Non abbiamo da fare altro che godere del movimento, sentire il piacere di essere vivi, il piacere di potersi muovere e poter sciogliere il corpo, poter sciogliere le articolazioni!

Quindi, se percepiamo che le spalle abbiano più bisogno di fare movimento, indugeremo più su esse e magari faremo un movimento più breve con i gomiti, se li sentiamo più liberi.
Utilizziamo perciò la musica a nostro piacere e secondo il nostro bisogno!

Muoviamoci poi in modo rapido e all'improvviso fermiamoci, diamoci uno "stop" e in questo momento ascoltiamo attentamente il cuore, appoggiamo le mani sul petto e, ad occhi chiusi, ascoltiamo il suo battito, seguendone il ritmo.
Quest'esperienza può essere ripetuta una volta a settimana per raggiungere una maggiore fluidità e armonia nel movimento.
Tutte le volte, poi, possiamo annotare sul "diario di bordo", dopo la data, la parola che proviene dal corpo e dal vissuto di quel preciso istante.

Capitolo 4:
Come entrare in contatto con il corpo

Via via che impariamo a risvegliare il corpo con musiche ritmiche allegre e vivaci, diventeremo sempre più capaci di ascoltarci.
Quindi potremmo chiederci:
Siamo riusciti a sentire il cuore? Siamo stati in grado di seguire il battito, dal veloce al tranquillo?

Questo è molto importante perché aiuta a rilassarsi, a stare concentrati, a stare presenti nel qui ed ora e quindi ci sentiremo più fiduciosi e più vivi! Una cosa che possiamo sicuramente fare è… "ringraziare" il cuore, non solo perché ci mantiene in vita, ma proprio per la sua funzione che è davvero molto ampia.

Ci sono molti libri e articoli di riviste specializzate che descrivono scientificamente "il cervello del cuore". Quello che oramai la scienza ha dimostrato è ciò che sentiamo nella quotidiana esperienza in merito al legame forte tra cuore ed emozioni, tra cuore e il nostro star bene.

È doveroso da parte nostra concentrarci sul cuore; questo essere consapevoli ci aiuta a trovare la coerenza: la coerenza con noi stessi, con il cervello e l'intero corpo. E per aumentare questo benessere possiamo ripetere questa semplice esperienza anche nei momenti di calma e prima di addormentarsi.
Ricerchiamo per la nostra salute la coerenza con il cuore!

Adesso vi propongo un'attività di tipo creativo per la quale ho preso spunto da questo libro, dove l'autore–illustratore ha disegnato la semplice forma del cuore per trasformarla e arricchirla di molte sfumature e caratteristiche.

Ecco alcuni esempi:
"Rosso come la lava. Generoso come un albero. Buono come una mela. Delicato come una rosa. Dolce come un gelato. Tagliente come un paio di forbici. (…)"

Prendiamo un foglio da album da disegno, disegniamo un bel cuore grande e chiediamoci:
- Come abbiamo sentito il cuore?
- Cosa ci ha detto?
- Come si sente?

Possiamo con i colori trasformare il cuore in persone reali o fantastiche, in animali, in oggetti, in elementi della natura…
Siamo liberi! Siamo nell'ora della creatività!

Un'altra esperienza importante è legata alla consapevolezza del contatto con la terra e per questo è sufficiente mettersi distesi e sentire per pochi minuti (se possibile con gli occhi chiusi) i punti di appoggio, cioè quali parti del corpo sentono il terreno, per poi cogliere la differenza nel contatto con quest'ultimo, quando siamo distesi a pancia in su, rispetto a quando siamo appoggiati sul fianco…

Possiamo provare in varie posizioni e questo ci aiuta a divenire consapevoli come il contatto della terra conferisca sempre sicurezza e forza. La Terra ci permette di sentirci sicuri! Sarebbe davvero auspicabile provare questa semplice esperienza con gli occhi chiusi anche con i bambini, perché è facile da fare ed è importante... scoprire!

Questo gioco lo si può fare nel silenzio, ad esempio: sento la terra stando in piedi... mi appoggio sulle ginocchia... scendo sul fianco... mi metto a pancia in giù... e via via in tutte le possibili posizioni, essendo ben presente alle sensazioni, ai punti di contatto con la terra... sentendo come cambia l'appoggio a terra...

Quest'esperienza è importante perché noi siamo come alberi, i nostri piedi sono le nostre radici e noi stiamo bene se stiamo nelle nostre radici, se siamo ben appoggiati a terra.

Quando la mente è troppo piena... vola... va da tutte le parti e sicuramente ne risente il nostro stato di benessere, perciò è bene ritrovare le nostre radici!

Questo è un dipinto di Van Gogh che si intitola Radici.

Le radici sono quella parte più forte, più potente della pianta, dell'albero, che consente la stabilità e la vita stessa perché, senza radici, l'albero, la pianta non riuscirebbe ad attingere il nutrimento dalla terra. E noi non siamo molto diversi! Anche noi abbiamo bisogno di radici!

Quando si parla di "radici", il pensiero va alle persone che lasciano le loro terre, quindi all'effetto di sbandamento (e a volte di disperazione) che proviene dall'aver lasciato le proprie radici e tutti lo possiamo comprendere molto bene.

Quello che però ci deve far riflettere è che le nostre prime radici sono i piedi, quindi, in qualunque posto del mondo si debba andare o scappare, possiamo ritrovare le nostre radici, le possiamo ritrovare nel nostro corpo!

Posso ritornare sempre all'interno del corpo, sempre nella mia consapevolezza e quindi posso sempre ritrovarmi! E questo è veramente molto prezioso ed è un messaggio valido per tutti!

Stare nella presenza, sentire le proprie radici, ritornare a casa... tutte le volte che io ritorno nella presenza al mio corpo, sono dentro le mie radici più profonde, più antiche, più vere!

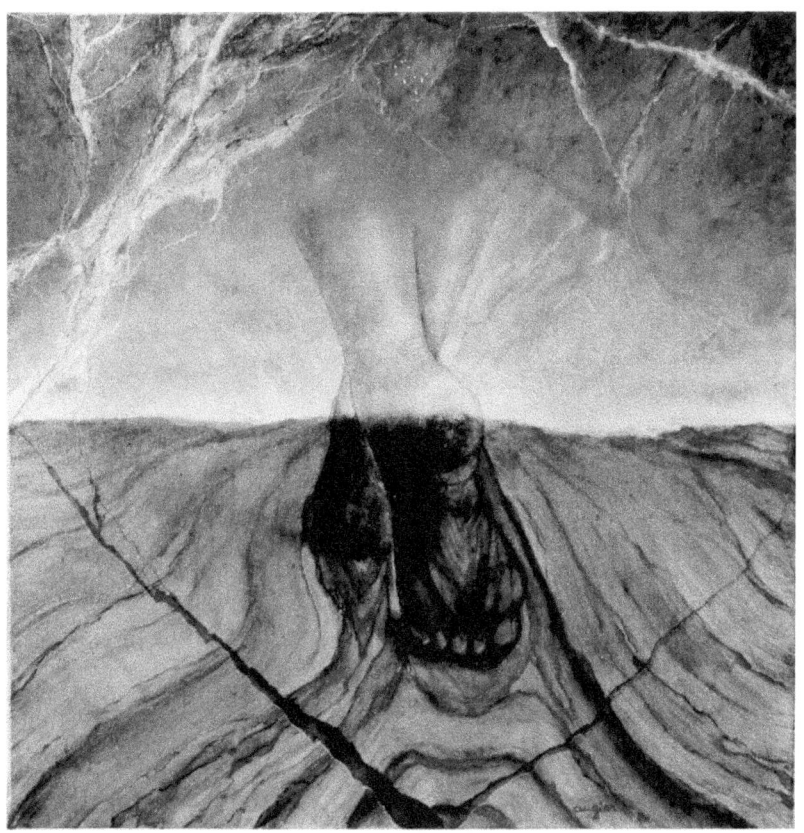

Osservate bene quest'opera d'arte di Annick Augier.
Vi sono dei piedi tra la terra e il cielo, infatti questo è il suo titolo.
Quest'opera d'arte bellissima ci ricorda proprio questo concetto: anche noi siamo tra la terra e il cielo! Se sogniamo troppo, se abbiamo la testa piena di pensieri e stiamo in sovrappensiero

costantemente... non è proprio un caso se capita di cadere, perché è come se il corpo ci ricordasse che siamo sulla Terra! Sentire la Terra è davvero importante!
Insegnare ai bambini questo concetto chiave è davvero prezioso, quindi quest'opera d'arte vi aiuterà a dare il giusto valore ai vostri piedi, alla vostra presenza nel qui ed ora e al contatto che si deve alla Terra.

Bisogna non sminuire il contatto con la terra, non esaltare troppo il contatto con il cielo, ma stare proprio tra la terra e il cielo!
Questo gioco di equilibrio ci aiuta a stare nell'equilibrio fisico e contemporaneamente in quello mentale!

Adesso vi propongo un'attività carina per la quale è sufficiente un bel foglio da disegno o di formato A3 e basta andarci sopra con i piedi scalzi per ripassare prima con il lapis e dopo con un colore il contorno dei piedi. I nostri piedi sono le nostre radici e hanno un gran valore.
Se siamo così fortunati da avere un prato o una spiaggia vicini, (altrimenti sul pavimento di casa) proviamo a risentire il contatto dei nostri piedi nudi sul terreno, sull'erba, sulla sabbia...

Regaliamoci questa semplice esperienza che può divenire importante perché, se non camminiamo di fretta, ma ci muoviamo con calma, con la consapevolezza di quello che stiamo vivendo esplicitamente... sentiamo un contatto profondo con i nostri piedi nudi... e poi, riprendendo il foglio con il tracciato dei nostri piedi, possiamo chiederci:

- Ma questi piedi a cosa assomigliano? Cosa sono? Sono forse piedi farfalla? Sono piedi pesciolini? Sono piedi...?
- Come sono? Sono forti o delicati? Sono dei piedi che stanno bene in equilibrio? Sono dei piedi che sprofondano nell'acqua o nella terra? Son bene attaccati a terra?

Fatta questa esperienza di reale presenza ai nostri piedi con la terra, con l'appoggio, con l'equilibrio, passiamo alla parte creativa e... questi piedi li trasformiamo, prendiamo gessetti, cere, pennarelli e liberamente senza preoccuparci del prodotto, compiamo la magia... preoccupandoci soltanto di far raccontare il loro sentire, la loro emozione...

Facciamo esprimere i nostri piedi e allora può darsi che vengano fuori... piedi a forma di stella, piedi con le ali, piedi con le squame...

"Ballare è la poesia dei piedi." J. Dryden
"Vicino alle montagne, spianato sotto i passi, il suono del campo risuona e ti dice: La Terra è un tamburo, pensaci. Noi, per seguire il ritmo, dobbiamo fare attenzione ai nostri passi." J. Bruchac
"Quando le tue gambe sono stanche, cammina con il cuore." P. Coelho

Il mio augurio pertanto è che possiate sentire il ritmo del cuore della Terra mentre camminate...
Guardate i vostri piedi, ringraziateli, guardateli con ammirazione, con rispetto e chiedete loro chi siano davvero, cosa amano e, senza nessun giudizio, disegnate, colorate e alla fine verrà alla luce sicuramente un'opera d'arte!

Quando i vostri piedi vi avranno raccontato la loro storia, prendete il "diario di bordo". Scrivete prima di tutto la data e narrate "I miei piedi..." (chi sono, cosa fanno, come si sentono, se hanno delle paure, dei desideri, cosa sognano...).

Raccontate in modo totalmente libero; quello che conta è l'espressione e non è una questione di stile, è una questione di verità! È la nostra verità! Quindi nessun giudizio, nessuna critica.

Buon lavoro!

Questa poesia l'ha scritta Diego, un bambino di dieci anni che ha partecipato a questa attività e ve la riporto come dono e come esempio.

I piedi della vita
Per te
la vita
significa natura,
respirare e divertirsi.
Quando respiro
sento il profumo della vita.
I piedi della vita
sono dei piedi che ti fanno respirare
e divertirsi.

Capitolo 5:
Come incontrare la bellezza

Mano di Roberto Piumini
E prima di prendere penna prendi mano, la tua.
Molte sono le mani: due per tutti gli uomini al mondo.
E si muovono e si nascondono
e scappano tremando in tasche buie,
si aggirano ai bordi del tavolo
come ragni minacciosi.
Le mani si tuffano in acqua, diventano pesci invisibili.
Tengono la maniglia sul tram e giocano a essere sconosciute.
Come topi farfallini o donnole-uccello guizzano
sfuggono e difficile è averle e toccarle e guardarle con calma.
Tu, con pazienza, segui la strada delle tue braccia
finché troverai le tue mani.
E scegline una adatta
per portare la penna alla festa.

Perché parlare di "mani"?
Le mani hanno chiaramente un gran valore nella nostra vita: toccano, accarezzano, strappano, ci aiutano in mille modi, stringono...

Vi propongo questa attività:
- Muovete le mani stringendo il pugno, opponendo il pollice ad ogni altro dito, chiudete e aprite le dita tenendo le mani in orizzontale, stringete come per fare gli artigli, seguite prima una musica ritmica e poi una dolce.

- Dopo aver cercato e variato i movimenti, scegliete una bella crema per il corpo o per le mani che abbia un profumo che vi piaccia e passatela sopra, ascoltandola, sentendola, percependo ogni piccola sensazione... la superficie... la pelle... le linee... e poi fermatevi a sentirla con gli occhi chiusi...

- Dopo questo vissuto, prendete un foglio da disegno e tracciate con un colore la linea delle mani.

Le mani sono chiaramente potenti perché hanno una capacità di azione notevole e, ora che avete queste mani profumate e che le avete osservate in tutti i loro dettagli... fermatevi proprio ad

ascoltarle, grazie a questa poesia:
Vorrei dedicare tutto questo:
a chi gesticola sulle nostre parole,
a chi parla senza far rumore,
a chi sfiora pagine scritte a puntini,
a chi stringe forte le nostre sensazioni,
a chi ci spinge in giro per il mondo,
a chi ci indica, lontano, un infinito diverso.

Opera a Tante Mani, alle nostre mani
Mani che parlano, mani che stringono, mani che lasciano, mani che fingono.
Mani che rubano in aria i sospiri,
mani che guardano, mani che ammiri.
Mani che prendono, mani che danno, mani che hanno, mani che fanno.
Mani che gustano, mani che sentono,
mani che s'alzano, mani che pendono.

Mani che arrivano, mani buongiorno,
mani che partono, mani al ritorno.
Mani che spingono, mani che toccano,

mani che pigiano, mani che bloccano.
Mani gentili, dai gesti preziosi,
mani da prendere a piccole dosi.
Mani che mimano il cuore che batte,
mani che indicano le ore più esatte.
Mani che fuori, mani che in tasca, mani in Brasile, mani in Alaska.
Mani che filano un filo di lana, mano italiana, mano africana.
Mani che vanno diritte al cuore,
mano che ruba al fuoco il calore.

Mano indurita, sporca di terra, mano che prende, mano che afferra.
Mani che dicono ciao a mille bambini,
mani che stringono pizza e panini.
Mani che arrivano fino alle stelle,
Mani che ridono a crepapelle.

Mani che sfiorano, su tanti visi, smorfie graziose e lievi sorrisi.
Mano che forte, mano che piano, mano che addio e vola lontano.
Mani che cercano tra i tanti pensieri, i fatti che oggi... le cose che ieri...

Mani che afferrano forza e coraggio,
mani che prendono solo formaggio.
Mani da grandi e mani piccine, mani vecchiette e mani bambine.
Mani da tanto... mani callose, mani da poco... mani curiose.

Mani che girano nella memoria,
mani che mischiano fatti di storia.
Mani leggere come una piuma, che s'accarezzano dentro la schiuma.
Mani a matita e mani a colori, mani che zitte, non fanno rumori.
Mani che indicano la luna col sole, mani che spiegano senza parole.

Mani da segno con mani da gesto,
mani che tardi, mani che presto.
Mani che sfiorano fogli bucati, leggendo così luoghi incantati.
Mani viaggianti dentro il racconto del più bel sogno donato al mondo: riprendere presto di qua e di là
i pezzi dispersi della felicità.
B. Tudino

Rileggete le frasi che più vi hanno colpito e poi chiedetevi:
- Come sono queste mani? Come sono le mie mani? Assomigliano ad un fiore... ad un albero... a cosa?
- Cosa contengono le mie mani? Contengono nuvole... polvere... sassolini... gemme preziose... fiori...?
- Sono mani che si tuffano, sono mani che nuotano?
- Sono mani che scavano... che fuggono... che esplorano... che odono...?

Prendete il vostro foglio e completate con i colori che preferite, con pennarelli, gessetti, cere... e aggiungete il mondo delle mani, quello che c'è dentro e quello che c'è fuori!

Dopo, prendete il vostro "diario di bordo" e completate in modo assolutamente libero il testo "Le mie mani".

Chiaramente non occorre scrivere una poesia, ma, se vi viene, non sforzatevi di cercare la rima, perché il testo deve essere il più libero possibile!

Dev'essere un testo che nasce appunto dal cuore, dal corpo, dalla pancia, non troppo ragionato, quindi scrivete di getto, senza preoccuparvi di nessuno... perché tanto nessuno è chiamato a mettervi un voto, nessuno lo valuterà...

Ovviamente potrete farlo leggere… ma anche no… nel senso che è un qualcosa che scrivete per voi! Probabilmente, quando tra un po' di tempo, andrete a rileggere quel testo scritto spontaneamente, d'impulso, potrete scoprire ancora più elementi rispetto a quanto avrà evidenziato la prima lettura!

Buon lavoro! Lanciatevi!

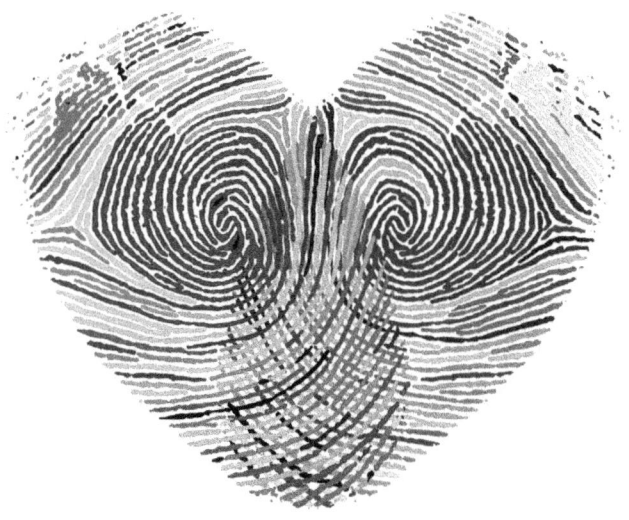

Questo ebook vuole veramente porre l'attenzione sul valore della Bellezza, perché la bellezza crea magia e soprattutto benessere!

Se noi impariamo a cogliere la bellezza intorno a noi, la bellezza dentro di noi, la bellezza nell'altro, sicuramente il nostro comportamento non potrà altro che essere rispettoso, socievole e, nello stesso tempo, vivremo in modo veramente salutare perché c'è una correlazione tra il benessere, la bellezza, la meraviglia e lo star bene.

Parlare di bellezza significa fare attenzione a quello che c'è intorno a noi, significa cogliere dettagli, curarli e, chiaramente, la bellezza di cui stiamo parlando non è soltanto quella che nasce

dall'attenzione per l'immagine, è la Bellezza completa!
Sicuramente si tratta dell'attenzione primaria al mondo circostante e a quello che la natura ci offre e saremmo molto più felici se fossimo grati dei tanti doni che la natura ci dona gratuitamente.
Vi cito una pagina del libro intitolato "Il vento è mia madre", che è stato scritto da un indiano d'America e che ha come titolo "Camminare nella bellezza".

In questo testo c'è un insegnamento semplice, ma molto profondo: l'invito ad educare i figli al rispetto della natura, alla cura dell'ambiente e questa qualità sicuramente apparteneva agli indiani d'America, come a molti popoli tra virgolette "primitivi", che avevano però un legame, una relazione con il pianeta molto più rispettoso di quanto i popoli "civili" purtroppo riescano a mantenere.
Vi chiedo di leggerlo, con calma, con gli occhi e con il cuore, provando a visualizzare perché è un testo che si può ben immaginare.

"Quando avevo tre anni mia madre mi portò sulla cima di una collina vicino a casa nostra e mi presentò agli elementi. Per prima cosa, mi presentò alle quattro direzioni: est, sud, ovest e nord.

«Chiedo una benedizione speciale per questo bambino, Voi che circondate le nostre vite e che ci fate andare avanti, per favore proteggetelo e fate in modo che la sua vita sia equilibrata.»

Poi mi fece toccare con i piedini la madre Terra.

«Cara madre e nonna Terra, un giorno questo bambino camminerà, giocherà e correrà su di te.

Ogni giorno cercherò di insegnargli ad avere rispetto per te. Ovunque andrà, per favore, prenditi cura di lui.»

Venni quindi presentato al Sole.

«Nonno Sole, splendi su questo bambino mentre cresce, fa in modo che ogni parte del suo corpo sia normale e forte, non solo fisicamente.

Ovunque sia, circondalo con la tua energia calda e piena di amore. Sappiamo entrambi che nella sua vita ci saranno giorni pieni di nuvole, anche se tu sarai sempre presente e splendente, per favore, raggiungi con i tuoi raggi questo bambino e mantienilo sempre al sicuro.»

Mia madre mi sollevò e lasciò che la brezza mi avvolgesse mentre si rivolgeva al vento.

«Per favore, riconosci questo bambino, soffiando a volte con potenza, a volte essendo gentile, ma lascia che lui cresca imparando il valore della tua presenza in ogni momento mentre vive su questo pianeta.»

Poi fui presentato all'acqua.

«Acqua, senza di te non possiamo vivere. L'acqua è vita! Chiedo che questo bambino non conosca mai la sete.»

Mia madre mi cosparse la fronte di cenere dicendo:

«Fuoco, brucia gli ostacoli che mio figlio incontrerà nella vita. Libera la sua strada affinché non inciampi lungo il sentiero che lo conduce ad imparare, ad amare, a rispettare tutte le forme di vita.»

Quella stessa notte, venni presentato alla Luna piena e alle Stelle. Questi elementi, dall'alto, avrebbero seguito la mia crescita, le mie corse sul tappeto d'erba offertomi da mia madre e nonna Terra.

Mi avrebbero seguito anche quando avrei ispirato l'aria che mantiene
la vita e che fluisce all'interno del mio corpo e si sarebbero portati via tutte le tossine espulse da esso.

Crescendo, sentivo di appartenere a questa famiglia grazie alle relazioni che la mia gente aveva stretto con i suddetti elementi e immagino sia proprio per questo che la maggior parte della nostra gente è capace di rapportarsi così facilmente con l'ambiente circostante.

Molto tempo fa, il nostro popolo ha riconosciuto la presenza della vita in ogni cosa che ci circonda: nell'acqua, nella terra e nella vegetazione. I bambini venivano presentati agli elementi affinché, crescendo, non guardassero la natura dall'alto in basso. Ci sentivamo parte della natura. Eravamo allo stesso livello. Rispettavamo ogni singolo filo d'erba, ogni singola foglia d'albero, ogni cosa."

A proposito di bellezza, vi mostro questo libro...

Avete notato? Quel bellissimo cuore in mezzo alla neve non è un cuore che dà l'idea del freddo, è un cuore forte, un cuore di roccia!
Questo libro, come molti altri, contiene un'idea preziosa: il consiglio di utilizzare la visualizzazione.

È chiaro che stare a contatto con la natura ci rigenera, ci ricollega con la nostra intimità, con il nostro mondo interiore, ci connette al nostro ritmo biologico, quello più naturale, e quindi sicuramente trovarsi degli spazi, dei momenti di tempo a contatto con la natura è molto importante proprio per la nostra salute sia fisica che psichica... però non sempre è possibile. Allora cosa possiamo fare?

Possiamo utilizzare le immagini. Ci sono tanti libri di fotografie e possiamo chiaramente cercarne alcuni a nostro piacimento su internet. E perché cercare delle foto sulla natura? È molto positivo per il nostro star bene trovare foto che ci destino meraviglia, foto che già solo a guardarle... ne ricaviamo una sensazione di benessere.

Successivamente, però, possiamo osservarle in modo più approfondito, vederne i dettagli e non soltanto i colori, le linee, le forme, la luce, le ombre... ma provare ad identificare le percezioni sensoriali, dato che la natura ci regala i profumi, i sapori, le sensazioni sulla pelle, i suoni, i movimenti...

Questo bagaglio di sensazioni è fondamentale per la visualizzazione, proprio perché, dopo aver osservato accuratamente tutti i dettagli della foto, possiamo immaginarne suoni, profumi, sapori, movimenti, sensazioni tattili... Possiamo chiudere gli occhi e visualizzarla, arricchendola di tutti i possibili dettagli vividi.

Questo ci consente di offrire un'immagine ancora più veritiera al nostro cervello che, non distinguendo tra immaginazione e realtà, ci farà vivere un'esperienza completa e arricchente!

E se noi coltiviamo immagini positive, arricchiamo la nostra vita!

Adesso mi permetto di consigliarvi di andare un po' controcorrente... smettendo di lamentarsi! Smettiamo di vedere sempre le cose che non vanno e troviamo qualcosa che ci arricchisce, ci dà serenità, ci dà carica, ci permette di vedere il bello!

E se questo lo facciamo in modo costante, nel tempo, se tutte le volte che usciamo, siamo capaci di cogliere la bellezza di un piccolo bocciolo, la bellezza di una foglia che cade nella sua danza con il vento, se osserviamo le nuvole che si spostano nel cielo... Questo consentirà non soltanto di arricchire la nostra anima, ma di stare bene proprio perché, come ormai è stato dimostrato, c'è una nettissima correlazione tra bellezza e salute!

Quindi creiamo questa bella e sana abitudine!

Osservate adesso questa vignetta:

Questa vignetta è efficace perché ci fa riflettere su quanto spesso valutiamo le persone e le cose per quello che producono, per quello che ci danno, per il loro valore economico... però le stelle ci donano tantissimo e la loro bellezza è assolutamente impagabile!

Un sentimento che sembra un po' represso nella nostra società è proprio quello della meraviglia, della sorpresa, della capacità di stupirsi. E questo chiaramente è legato al tema della Bellezza: invece è necessario togliere quei massi, quel velo di nebbia che copre questa nostra capacità e tornare a stupirci, a sorprenderci...

Per questo possiamo creare un nostro album fotografico con le immagini di bellezza che preferiamo! Immagini che ci raccontino anche il trascorrere del tempo, delle stagioni per cogliere delle differenze, per apprezzare la qualità, le caratteristiche e le peculiarità di ogni stagione.

Questo è un invito che faccio a tutti perché diamo valore al presente e a quello che stiamo vivendo in questo momento.
È un po' come dire... Natale è una festa meravigliosa, ma se tutti i giorni fossero Natale... non sarebbe più così meravigliosa.

Dunque, per apprezzare la bellezza e la meraviglia e lo stupore bisogna riconnettersi anche con il tema del Tempo, dell'alternarsi del giorno e della notte, delle stagioni e questo ci aiuta a riallacciarci con quelli che sono in realtà i ritmi biologici della natura e sicuramente a vivere in modo ancora più pieno.

Siamo immersi in una cultura di immagine, perciò cerchiamo di coglierne la valenza educativa e quella benefica, utilizzando l'immagine, non soltanto per riempirci gli occhi, ma colmando anche il cuore, così da meravigliarci, stupirci, ammirare... Cerchiamo di cogliere l'occasione di vivere queste emozioni!

Questo tema è legato al sentimento della gratitudine perché... come possiamo non dire "grazie" al sole, come possiamo non dire "grazie" allo sbocciare di un fiore o non dire "grazie" all'evoluzione che dalla gemma porta il frutto!
E sappiamo molto bene che la gratitudine è un sentimento che ci fa stare bene perché non è possibile essere tristi e grati allo stesso tempo, quindi per potenziare e amplificare la nostra felicità cerchiamo di essere sempre più grati!

Adesso vi porto come esempio una storia tutta da immaginare...
"Nel paese Meravigliopoli, c'era un anziano signore che ogni giorno trovava il tempo di scrivere un pensiero, una frase da dedicare a tutti e tutti i concittadini si recavano da lui a prendere la loro frase, un pensiero luminoso per rendere più gioiosa la giornata, per superare le nebbie buie del dolore o lo scherzo del fulmine di rabbia che poteva irrompere e devastare, portando sofferenza e distruzione.

Ma da dove venivano questi pensieri?
I pensieri venivano dal suo cuore; ogni tanto ascoltava le voci del mondo, le voci degli alberi, il suono del vento, il sussurrare del mare, l'agitazione delle tempeste, la soficità delle nuvole che

cambiavano colore al tramonto, rivestendosi di rosa e rosso vivace...

I pensieri scritti nei bigliettini erano come le piccole gocce di rugiada che si appoggiano con delicatezza sulla corolla dei fiori e portano freschezza e splendore come un diamante prezioso!

Il vecchietto aveva una grande scorta di pensieri e, tutte le volte che qualcuno riceveva il dono del biglietto, lui sorrideva senza aggiungere parole, come se l'unico ingrediente giusto per arricchire quel regalo fosse proprio... il Silenzio!

Il Silenzio è un signore molto nobile che sta vicino, ma lontano dai rumori, dai frastuoni, dai clacson... Vuole immergersi volentieri nelle caverne dei monti, nei buchi del terreno, nei boschi verdi e lussureggianti...

Il signor Silenzio conosceva bene il vecchio e, tutte le volte che lo andava a trovare, lui apriva il suo cuore e dalla musica del cuore vibravano come corde di liuto le dolci parole...

Ma quali erano questi biglietti ornati d'oro che facevano brillare il giorno a Meravigliopoli?

Erano questi... «Tenete bambini... tenete amici... conservate dentro di voi il messaggio e portatelo nel cuore e nel cassetto più

prezioso che avete a casa...». Sono le parole magiche suggerite dal Silenzio che viaggia nel mondo attraverso la Natura e diventa felice di trasformare magicamente la Bellezza in parola, in piccola poesia per tutti!".
Siete pronti anche voi? Proviamo a fare questo gioco.
Scegliamo un elemento della natura che in questo momento ci piace, che ci meraviglia, che ci sorprende... Lo osserviamo in tutti i suoi dettagli, proviamo se è possibile toccarlo, sfiorarlo, sentirne il profumo, la consistenza, coglierne le sfumature... E poi, nel nostro "diario di bordo", scriviamo queste semplici osservazioni che possono diventare una poesia.

Ad esempio, se vedo un albero... quest'albero mi ricorda... una nuvola confusa, spostata di qua e di là dal vento fresco. Questo pensiero immediato è legato a quello che sto osservando! Quindi scegliete l'elemento e, con la stessa immediatezza, tracciate anche un disegno, uno schizzo, senza preoccuparvi del prodotto, e scrivete una breve poesia ispirata a questo elemento individuato intorno a voi. Ecco alcune metafore che sono state donate:

Per Alessandro
Sei un orsetto panda

*dallo sguardo dolce
che sa ascoltare attentamente
e aprire il cuore agli altri.*

Per Filippo
*Sei delicato e forte come il raggio di sole
che sa penetrare con vivacità dalla finestra
per riempire di luminosità tutta la stanza.*

Per Marina
*Sei una rotonda goccia di rugiada che brilla sotto il tepore del sole
e riempie di freschezza
i dolci petali di una rosa.*

Per Emanuele
*Sei un bellissimo scoglio dalla forma variegata
appoggiato sulla sabbia chiara
di un mare azzurrissimo
e coccoloso.*

Per Alice
Sei una stella brillantissima

che splende con gioia
e ride felice
nell'armonia del cielo.

Per Alessia
Sei la luna piena argentata
che illumina il mare assopito tra gli scogli
e riflette la tua bellezza.

Per Gioele
Sei il profumo intenso del pane appena sfornato,
un pane fragrante, delizioso,
da gustare piano piano…

Per Chiara
Sei la luce sfumata e rosata del tramonto che splende
e si allarga sull'orizzonte,
inondandolo di felicità!

Per Federico
Sei uno scoiattolo vispo e grazioso sempre attento
con il musetto all'insù

a rimirare il cielo blu.

Per Benedetta
Sei la gioia del sorriso
nel mattino più luminoso
che c'è tra il canto di mille uccellini.

Per Davide
Sei l'onda limpida e forte del mare felice
di ogni soffio di vento.

Per Matteo
Sei la forza buona che tiene saldo al terreno
l'albero gigantesco della sequoia...
vicino alla terra... vicino al cielo.

Per Leonardo
Sei il sapore gustoso e squisito delle ciliegie rosse,
mature e dolcissime.
Tanto contento di vivere insieme...
nella bellezza della primavera.

Per Elisa
Sei l'intensità del colore
Nel cielo... nel tramonto...
Nel prato... nella luce splendida del giorno...
come nel mistero incantevole della notte.

Per Morgana
Sei il sorriso spensierato e sbarazzino
 del bambino sempre curioso
che non si stanca mai di fare domande
    ed esplorare stupito il mondo.

Per Martina
Sei lo schizzo di schiuma bianca del mar
e che risveglia dal torpore dell'estate
con il sapore salato
e la voglia sfrenata di divertirsi...

Per Shary
Sei la forza incredibile della montagna piena di prati fioriti,
di venti sfreccianti,
di profumi energici,

di colori vivaci...

Per Giulia
Sei l'acqua felice
e sempre in movimento
che sgorga con enfasi dalla sorgente.
E disseta... e pulisce...
e rinnova con purezza e forza...

Per Yuri
Sei un vento vivace che ama togliere le foglie
agli alberi di autunno
per giocare con loro a nascondino nei prati...
tra i giardini...
Nelle distese...

Per Petros
Sei il profumo dolce della vaniglia
che si sparge ovunque
in modo elegante,
regalando grazia e sorrisi a tutti...

Per Dennis

Sei una forza chiara e saggia
che spinge le onde in alto,
che solleva le ali dell'aquila,
che imbriglia il cavallo a galoppo.

Capitolo 6:
Come scoprire la sinestesia

Oggi scegliamo una musica ritmica molto allegra, che ci dia una bella carica, una bella energia e iniziamo a risvegliare il corpo come abbiamo già imparato, dal movimento segmentario (dita, polsi, gomiti, spalle, braccia, busto, bacino, piedi, gambe) al movimento di tutta l'unità corporea.

Cerchiamo di muovere tutto il corpo e di cambiare il livello, un po' in piedi, un po' seduti, un po' sul fianco, un po' sdraiati a pancia in su e a pancia in giù... e ogni tanto fermiamoci ad ascoltare noi stessi.
Allo stop, facciamo caso al peso, alla forma del corpo, come siamo appoggiati a terra, quale parte del corpo tocca terra e poi di nuovo cerchiamo di muovere tutto il corpo, dalla testa ai piedi...

Ormai siamo divenuti esperti e molto più coscienti del nostro corpo per cui possiamo affrontare la prima prova di coraggio: muovere tutto il corpo, stando sul nostro posto, ma con gli occhi chiusi e, quando ci fermiamo (sempre con gli occhi chiusi), cerchiamo di ascoltarci bene e poi...quando riapriamo gli occhi, scopriamo e controlliamo se la forma che abbiamo sentito è la stessa di quella che appare davanti ai nostri occhi. Cosa cambia dal muoversi ad occhi aperti al muoversi ad occhi chiusi?

È importante vivere questa esperienza fino in fondo e più volte anche per vincere la paura del buio, la paura dello sconosciuto, la paura di non percepire, l'ansia del non controllo.
Che cosa sentiamo?
È importantissimo in questo momento ascoltare solo il corpo, quindi con gli occhi chiusi sul nostro posto, sentire il cuore, il respiro, la forma...

Come è stata questa esperienza?
La risposta la scriviamo nel nostro "diario di bordo", ma... non dobbiamo aver paura di cosa scrivere e pensare troppo. Scrivo quello che ho constatato, così com'è...

- Il mio corpo adesso è più caldo, più riposato, più energico...?
- Questa musica che tipo di emozione mi ha dato?
- Se questa musica avesse un colore, quale sarebbe?

- E se avesse un sapore?
- Se la sentissi sulla pelle, quali sensazioni mi regalerebbe?
- Se fosse un profumo?

A tutte queste domande non è detto di avere una risposta, però proviamo di nuovo ad ascoltare la musica e poniamocele!
E poi tutte le risposte possono chiaramente essere scritte e disegnate sul foglio del nostro album da disegno.

L'importante è scrivere la data e andare liberi!
Scrivete liberamente, senza preoccuparvi perché non c'è nessun giudizio, nessun esame da superare.
Buon lavoro!

Quest'esperienza con la musica vivace la possiamo chiaramente ripetere anche con melodie lente e rilassanti. L'importante è che si scelga la musica che in quel momento ci fa star bene, che ci risuona dentro…
L'invito adesso è di muoversi con una musica dolce e, come al solito, procediamo prima con il movimento segmentario e poi con quello globale, sia con gli occhi aperti che chiusi.

Mentre ci muoviamo, ci poniamo le domande:

- Che colore o colori ha questa musica?
- Che sensazioni sulla pelle?
- Qual è il suo sapore?
- Qual è il suo profumo?
- Ci ricorda suoni o rumori conosciuti?
- Quale emozione suscita dentro di noi?
- Mi ha fatto immaginare? Ricordare?

È molto importante ascoltare il brano sia da fermi, in una posizione di relax con gli occhi chiusi, che in movimento.

Con la musica lenta ci si può lasciar andare: non è il corpo che segue la musica, ma è la musica che lo fa muovere; la musica arriva ed entra come se fosse un liquido... come se fosse del cibo...

Possiamo accogliere la musica che lentamente ci fa muovere; magari all'inizio solo alcune parti... poi piano piano si muove tutto il corpo e noi ci ascoltiamo... Godiamo di questa lentezza... di questa tenerezza... Seguiamo il movimento che la musica che ci fa compiere delicatamente... sia in piedi che distesi...

Sentiamo come ci sposta sul posto e poi ad occhi aperti nello spazio

della stanza... Seguiamo (sempre essendo presenti) i movimenti che suscita... come risuona dentro... cosa ci sta regalando...
E poi... è il momento del disegno per fermare sulla carta questo momento meraviglioso di vita!

Oltre a sapersi muovere con la musica vivace e con quella lenta e oltre ad aver imparato a giocare allo "stop", bisogna chiaramente muoversi nello spazio e in questo possiamo sperimentare vari tipi di movimento, le varie andature, cercando di prestare attenzione al camminare e a cogliere la differenza ad esempio tra il saltare a piedi uniti e su un piede, tra il camminare di lato e sulle punte, tra il camminare sui talloni e il rotolare, tra il roteare con le braccia aperte e andare a quattro zampe o strisciare sia sulla pancia che sulla schiena...

Questi movimenti sono considerati "abilità base": schemi motori che sono strettamente connessi anche agli apprendimenti, quindi è molto importante aiutare i bambini a sviluppare queste movenze perché chiaramente sono strettamente collegate anche all'andar bene a scuola.
Quindi, magari, spengiamo la televisione e il computer e muoviamoci un po'... non sarà come muoversi sulla spiaggia, su un prato o in palestra, però anche in casa piccoli giochi di movimento sono possibili.

Adesso vi presento la storia di Giuseppe Caliceti, che ha una doppia valenza perché potete imitare tutti i personaggi di questa favola, dove sono presenti vari animali e quindi potete copiare le loro andature e poi potete provare a rispondere alla domanda fondamentale del titolo "Cosa c'è che non va?".

"Un piccolo canguro arrivò saltellando in mezzo a un prato di trifoglio.
E adesso come lui saltiamo a piedi uniti! «Ma come cammini?» disse il serpente.

«Cosa c'è che non va?» chiese il piccolo canguro. «Guarda come faccio io e impara!»

E il piccolo canguro imparò a strisciare…

Anche noi strisciamo a pancia in giù, piegando bene una gamba alla volta. Strisciando, il piccolo canguro arrivò accanto al pollaio. «Come cammini?» disse la gallina.

«Guarda come faccio io e impara!». Ora, zampettiamo in qua e là!(…)

Il piccolo canguro arrivò accanto alla stalla e la mucca disse: «Ma come cammini?»

«Cosa c'è che non va?» chiese il piccolo canguro. «Guarda come faccio io e impara!»

Il piccolo canguro imparò a camminare a quattro zampe…

Adesso anche noi andiamo a quattro zampe.

Il piccolo canguro arrivò fino al mare.

«Ma come cammini?» dissero il granchio e il gambero.

«Cosa c'è che non va?» chiese il piccolo canguro.

«Guarda come faccio io e impara» disse il granchio.

«No, come faccio io!» disse il gambero.

Il piccolo canguro imparò a camminare dapprima a destra e poi a sinistra... Camminiamo di lato, prima da una parte e poi dall'altra e poi all'indietro come il gambero, ma guardando avanti.
Il piccolo canguro, tornando indietro, si ritrovò al punto di partenza, ormai cosciente di non accontentare nessuno... per cui ricominciò a saltellare allegramente come tutti i canguri del mondo.

Rispondiamo adesso alla domanda:
"Cosa c'è che non va?" ...

È molto bello sperimentare tutte le andature: camminare in avanti, indietro, di lato, a quattro zampe, saltare su una gamba, a piedi uniti...
È divertente sperimentare tutti i vari tipi di movimento: sulle punte, sui talloni, come formichine con i passi piccoli e ravvicinati, come giganti con i passi lunghi, come rane...
È importante cercare di sentire cosa cambia nel corpo!

E una cosa molto interessante è creare una piccola sequenza, ad esempio fare tre passi da canguro, due a quattro zampe e cinque strisciati e ripetere questa sequenza con un movimento continuo, perché questo ci permette di ascoltare il corpo, oltre a consentirci di sperimentare modi diversi di muoversi.

Buon movimento e buon divertimento!

Capitolo 7:
Come siamo influenzati dai pensieri

È molto importante riconoscere le nostre emozioni e contemporaneamente i segnali del corpo che corrispondono ai vissuti, come ad esempio le mani fredde, il calore del viso, il cuore che batte forte, il respiro accelerato... Se riconosco le sensazioni corporee, riesco a gestirle, riesco a pormi la domanda fondamentale:

- Cosa sto provando in questo momento?
- Cosa sto pensando?

Possiamo trasformare le emozioni modificando i pensieri e, tramite il rilassamento, possiamo ritrovare la calma necessaria. È importante individuare determinate azioni che possano ridurre lo stress, come ad esempio fare una passeggiata, andare in bicicletta, cantare, fare del giardinaggio, colorare dei mandala, visualizzare un luogo tranquillo...

Quando abbiamo troppe preoccupazioni, può essere utile rimettersi in posizione sdraiata, praticare il rilassamento Jacobson,

visualizzare la preoccupazione, sentire in quale parte del corpo risiede il disagio... se ha un colore, una forma...
E, piano piano, con l'aiuto della respirazione, far arrivare tutta la pace, l'amore necessario... È davvero possibile che avvenga la trasformazione!

Si può visualizzare ciò che infastidisce anche attraverso un palloncino del colore preferito e immaginare di metterci dentro tutto il contenuto del malessere, chiudere bene il palloncino con una corda stretta e, grazie al respiro profondo e calmo, farlo volare verso l'alto... sempre più in alto... finché sparisce alla vista...
Si può sentire la leggerezza della mente libera, il corpo pieno di calma e fissare nella memoria queste belle sensazioni.

Tra tutte le strategie possibili, la visualizzazione è sicuramente molto efficace e arricchisce il mondo interiore, amplificando la capacità di godere del mondo esterno. Si può provare questa esperienza sia stando seduti che distesi; basta iniziare ponendo l'attenzione al corpo, una parte dopo l'altra, e lasciar andare le tensioni muscolari con l'aiuto della respirazione.

Questa visualizzazione la si può vivere anche stando in piedi, facendo attenzione a mettere il peso su ambedue le gambe e stando ben radicati a terra, chiudere gli occhi, rivolgerli verso l'alto e immaginare una meravigliosa cascata di luce bianca oro, che scende piano piano sulla testa e la riempie... sul petto... sulle gambe... e riempie tutto il corpo.

Il corpo diventa ricolmo di pace e di energia. La luce porta via tutti i malesseri e i dolori. L'energia scorre in tutto il corpo, che si sente intero e completo. La luce è sempre con noi.
Basta chiudere gli occhi e… la luce è sempre lì!

La visualizzazione si ispira alla natura perché lei ci offre spettacoli straordinari e, se viviamo nell'attenzione alla bellezza, possiamo coglierne la valenza: amplifichiamo la capacità di rispettarla e aumentiamo il nostro benessere.

Quando ci sintonizziamo con l'ambiente, impariamo a coglierne i dettagli, scopriamo determinate sfumature, ci accorgiamo di colori, sapori, suoni… e apprezziamo ogni particolare. E questo è possibile quando siamo davvero presenti e anche durante la visualizzazione, quando viviamo appieno le sensazioni e le emozioni che l'immagine ci regala. L'immagine può diventare un'ancora nei momenti difficili perché offre uno stimolo potenziante e rilassante.

La visualizzazione arricchisce la capacità di osservazione e l'abilità di cogliere la bellezza intorno.

Troppo spesso diamo tutto per scontato, si cammina nel mondo come automi e si diventa totalmente immersi nella testa... e questo ci allontana non solo dalla psiche, ma proprio dalla salute!

Per essere sano e in armonia con se stesso, l'uomo deve mantenere l'equilibrio tra la parte destra e quella sinistra del cervello, tra Onde Alfa e Onde Beta, tra sentimento e pensiero, tra un modo lento e un modo veloce di pensare. Le Onde Alfa rappresentano il nostro bambino interiore e ci aiutano a produrre immagini positive.

La visualizzazione amplifica la creatività, stimola il sistema immunitario, abbassa la pressione del sangue... Pensieri positivi creano, con il tempo, un subconscio positivo e questo subconscio genera sempre con il tempo una persona felice e sana.

Adesso è il momento di riflettere sul valore delle parole. Perché? Perché prima di tutto non sempre usiamo le parole in modo consapevole e non ne cogliamo il peso, così la comunicazione si condisce di equivoci e fraintendimenti e porta a dei conflitti proprio per un impulso, per una parola detta senza una riflessione accurata dietro. Le parole sono energia!

Le parole possono farci stare molto bene, ma possono anche ferirci e quindi occorre porre l'attenzione al linguaggio, al nostro modo di rapportarci con i partner, con i figli, con i nipoti, perché le parole possono essere sicuramente tanto una fonte di benessere quanto di malessere.

È necessaria una cura maggiore ed appropriata rispetto al linguaggio, iniziando dallo smettere di dire "mai", " sempre", "tutti", smettere di giudicare, di criticare, di colpevolizzare.
Occorre imparare a distinguere tra un comportamento negativo e la persona. Si fa presto a dire "Stupido!" o "Sciocco!" a qualcuno... ma quanto sarebbe diverso per chi ci ascolta, sentire "Questo comportamento secondo me non è adeguato".

Abbiamo espresso lo stesso contenuto, senza fare il "processo" a nessuno, riuscendo così anche a far riflettere nel secondo caso, sul comportamento; invece, nel primo caso si ottiene soltanto l'irrigidimento della persona, che si difenderà e, sicuramente, non rimetterà in discussione il suo comportamento, ma anzi, coverà rabbia e risentimento.

Le parole chiaramente hanno una grossa valenza anche nei nostri stessi confronti, perché quando viviamo emozioni negative sicuramente in quel momento stiamo pensando qualcosa di negativo verso noi stessi. Cosa fare? Bisogna fermarsi, analizzare il nostro pensiero e considerare l'emozione come un campanellino d'allarme che ci sta avvertendo di un qualcosa che non va.

Dietro a qualsiasi emozione, negativa o positiva che sia, ci sono pensieri e parole e allora basta incominciare a farci attenzione.
Per aiutare i bambini a cogliere il valore di tutto ciò, può essere utile il libro dal titolo "La grande fabbrica delle parole" di Agnès de Lestrade e Valeria Docampo.

Questa storia si svolge in un paese dove le persone non parlano quasi mai perché per poter pronunciare parole occorre comprarle e inghiottirle. Queste parole provengono da una fabbrica che lavora giorno e notte e dai cui macchinari escono le parole di tutte le lingue del mondo.

Ci sono parole che possono essere acquistate solo dai ricchi e chi non ha soldi fruga a volte nei cassonetti della spazzatura. Talvolta ci sono parole che volteggiano nell'aria e allora i bambini le vanno a raccogliere con i retini acchiappa farfalle per poter dire qualcosa ai genitori.

In questo paese c'è un bambino che si chiama Phillips, che è innamorato di Sibelle e, come dono di compleanno, con un grande sorriso e tutto il suo amore, le offre le parole che ha trovato: ciliegia… polvere… seggiola…
Le parole volano verso Sibelle e sono come gemme preziose. Lei lo guarda e… gli dona un bacio delicato sul naso, allora lui pronuncia una parola che ama molto e che aveva conservato per un giorno speciale.
Guardando la sua bella negli occhi, le dice: Ancora.

Dopo l'ascolto di questa storia, possiamo disegnare la "fabbrica delle parole" come ce la immaginiamo e trovare la parola che in questo momento ci piace particolarmente per poi scriverla in modo artistico, per farla diventare uno slogan, una pubblicità.
In questo momento, quali sono le parole davvero importanti per noi? Scriviamole liberamente sul nostro "diario di bordo".

Parlando di parole, parliamo di pensiero e, dal momento che pensiero, parole ed emozioni sono strettamente connessi tra loro, una cosa molto importante da insegnare in primis a noi stessi e poi anche ai bambini è trasformare i nostri pensieri negativi in positivi.

Questo non significa negare il "brutto" che fa parte della realtà, ma possiamo modificare le parole trasformando lo stato d'animo. Capita spesso a tutti, ad esempio, di sentirci incapaci e, in quei momenti, ci diciamo continuamente "Non mi riesce…", "Non ci riuscirò mai…", "Sono stupido", "È sicuro che…", "Alla fine…", "Non riusciremo davvero". I nostri pensieri condizionano gli eventi!

Occorre fare attenzione ai nostri pensieri!

È necessario tirar fuori il pensiero e trasformarlo!

Se penso "Nessuno mi ama!", dopo una lite con il mio migliore amico, va riconosciuto prima di tutto che questo è un pensiero non realistico, anche se in quel momento lui non ci sopporta… È perciò più opportuno pensare: "Lo lascio un po' sbollire e… più tardi lo chiamo e proveremo a chiarirci".

Per il nostro benessere e la nostra salute è opportuno fermarci sull'emozione, capire cosa c'è dietro così da esercitarci a modificare i nostri pensieri!

Il pensiero che ci sta turbando (molto spesso) è catastrofico, tipo "Nessuno mi capisce", "Ce l'hanno tutti con me!" e queste riflessioni vanno cambiate proprio perché sicuramente non corrispondono alla realtà!

Iniziamo a prestare attenzione ai nostri pensieri e tutte le volte che stiamo esagerando... fermiamoci e ... compiamo la magia come ha insegnato il principe alla strega del libro intitolato "La storia di una strega che pensava troppo e del principe che le insegnò una magia" di Virna Trivellato e Sara Stradi.
Questa fiaba si svolge in un regno dove tutti erano felici, le streghe erano diventate fate, tranne la strega grigia, che aveva la testa piena di pensieri grigi e tristi. Questa strega, però, si ritrovò senza fare nulla, perché in quel regno tutti erano gentili; così non faceva altro che pensare e ripensare a come era bello quando faceva dispetti, era proprio annoiata perché non aveva più nessuno da tormentare.

Un giorno, mentre stava facendo un minestrone, pensò che dal momento che non riusciva ad essere felice, avrebbe usato un incantesimo per far diventare tutti tristi: avrebbe mescolato tutti i pensieri delle persone e anche loro sarebbero diventati scontenti, arrabbiati e dispettosi. La strega riuscì nel suo intento malefico, creando una vera e propria confusione! Nessuno sapeva più chi fosse e tutti erano infelici!

Un giorno passò per quel regno un giovane principe che veniva da molto lontano, da un paese dove gli abitanti prendevano i pensieri troppo pesanti (quelli che fanno venir voglia di piangere o che li fanno arrabbiare), li ringraziavano per essere passati a trovarli, li attaccavano ad un palloncino e li facevano volare su nel cielo azzurro, in modo tale che nelle loro teste rimanevano sempre i pensieri più leggeri, quelli che fanno venir voglia di ridere e di correre nei prati.

Il principe si accorse che i tristi abitanti del regno avevano sulla testa una nuvola grigia che girava di continuo e capì subito che la causa di tutto era l'incantesimo di una strega, perciò li chiamò tutti e comunicò loro di conoscere la magia per farli tornare felici e contenti.

Perfino la strega grigia imparò a guardare i pensieri pesanti, a respirare profondamente, a ringraziarli per la loro visita e ad invitarli ad andarsene. Tutti tornarono contenti e organizzarono una grande festa per ringraziare il principe.

I pensieri tristi possono anche venirci a trovare, l'importante è che non rimangano troppo nelle nostre teste da poter creare confusione e disordine; un bel respiro e un bel grazie fanno accadere delle grandi magie!
Questa storia della strega e del principe racconta una magia importante: trasformare il pensiero è veramente possibile!

Adesso vi invito a scrivere un pensiero luminoso sul vostro album da disegno!
Questa frase, anche breve, vi deve risuonare dentro, deve essere un pensiero che in questo momento vi dia la carica giusta e vi invito a scriverla in modo artistico, pieno di colori, brillantini, stelline... Potrebbe anche diventare un piccolo quadretto! Una volta completata l'attività, mettetela in bella vista per poterla rileggere.
Ecco alcune frasi che hanno questo potere magico:

- Mi accetto per come sono.
- Merito il meglio e lo accetto ora.
- Sono disposto a cambiare.
- Faccio del mio meglio per rendermi felice.
- Voglio bene a ciò che è dentro di me e negli altri.

- Quando sbaglio non è nulla di grave so che posso farcela.
- Sono una persona amorevole e imparo a vedere la bellezza in ogni persona che incontro.
- Accetto la mia unicità.
- Mi muovo in armonia con la vita.
- Mi sento rispettato.

Questi sono degli esempi... Sentite quello che il vostro cuore in questo preciso istante vi sta suggerendo e scrivetelo nel carattere che più vi convince. Fatelo diventare il vostro motto e, affinché diventi davvero vostro, ripetetelo per ventun giorni a voce alta... anche davanti allo specchio, con voce udibile.

Per allenarci a trasformare i nostri pensieri da negativi o positivi. possiamo leggere "Il sorriso di Daniela" di Carmen Gil, che è una storia per bambini, ma sicuramente non solo per loro, in quanto il messaggio è proprio per tutti.
Su questo tema è stato scritto molto perché il sorriso ha un gran potere, lo si può considerare sicuramente una strategia per dire a noi stessi "Ok, ce la posso fare!", "Ok, accadrà qualcosa di positivo!".

Saper sorridere e saper ridere di noi stessi, dei nostri sbagli, dei nostri difetti è sicuramente molto saggio!
Questa storia ci aiuta ad entrare ancora meglio in questa dinamica della trasformazione! Diventeremo proprio magici!

"Daniela uscì presto di casa quel mattino, l'aria profumava di festa, il cielo era incredibilmente azzurro e un sole grande e rotondo le diede il buongiorno dall'alto.
Daniela sorrise e il sorriso volò, volò e andò a posarsi su Roberta, come un colibrì in primavera!

Il sorriso si posò su Roberta, che era di pessimo umore perché era a dieta e lei sentì la testa riempirsi di campane, allora corse in pasticceria a comprare una meringata deliziosa... Come si sentiva bene!
Poi tornò a casa con un grande sorriso e quello di Roberta volò, volò e andò sul cuore di Aniceto, come una farfalla multicolore.
Aniceto era uno scimpanzé permaloso e brontolone, ma il sorriso di Roberta gli fece il solletico dentro la pancia, così da fargli ricordare Eleonora, la scimmia del suo cuore. Aniceto le comprò un meraviglioso mazzo di fiori, le scrisse un biglietto e... sorrise.

E il sorriso di Aniceto andò a posarsi sul cuore di Camilla, come un raggio di sole.
Camilla era un'elefantessa grigia, annoiata della sua vita senza sorprese, finché il sorriso di Aniceto s'intrufolò dal finestrino della sua auto e cambiò tutto, facendole venir voglia di cantare e ballare e... le spuntò un sorriso radioso.

Il sorriso di Camilla volo, volò e andò a posarsi sul cuore di Andrea, come una pioggerellina di marzo.
Andrea, lo struzzo, si era alzato con la zampa storta e la sua tartaruga aveva di nuovo fatto pipì sul tappeto... ormai aveva deciso di portarla all'ospizio... quando fu raggiunto dal sorriso di Camilla, che lo riempì di luce e cominciò a vederci più chiaro.
Andrea guardò gli occhi tristi e buoni della tartaruga... si sentì inondare di tenerezza... cambiò idea e... sorrise.
Il sorriso di Andrea volò, volò e andò a posarsi sul cuore di Marziale, come una brezza carezzevole.
Marziale era uno sciacallo fanfarone che possedeva bombe e missili, ma era triste e, quella mattina, mentre sfilava con il suo esercito, il sorriso di Andrea gli si conficcò nel cuore come un proiettile.
Marziale, con sorpresa di tutti, scese dal suo carro armato e da

quel momento si dedicò a coltivare orchidee e a sorridere tutto il giorno.

E il sorriso di Marziale volò e volò e andò a posarsi sul cuore di Daniela..."
Scommetto che adesso nessuno potrà resistere a questa proposta: disegniamo un grande Smile con tutti i colori che ci piacciono e mettiamolo in bella mostra per ricordare il fascino del sorriso! Buon divertimento!

Le parole sono importanti per donare un sorriso, per fare un complimento, per dimostrare il nostro affetto, la nostra amicizia, però, allo stesso tempo, purtroppo possiamo utilizzarle anche per ferire e allora ci può venire in aiuto la "comunicazione non violenta".
Su questo tema vi sono molti testi e corsi di formazione e mi permetto di farne un accenno, perché nella "comunicazione non violenta" vengono approfonditi molti concetti a cui ho fatto riferimento, iniziando da quello fondamentale di imparare ad esprimere i propri sentimenti e i propri bisogni, dall'usare un linguaggio mai giudicante, senza lamentele, critiche, pretese.

Se noi imparassimo e insegnassimo già ai bambini questo tipo di comunicazione, che è definito "il linguaggio del cuore", sicuramente il modo di comunicare creerà benessere e consentirà di vivere situazioni non conflittuali. Riusciremo così ad essere leader, ad essere persone efficaci che sanno esprimere bene quello che hanno dentro, senza aver bisogno di prevaricare.

Il linguaggio del cuore è composto di quattro passi:
- Quando vedo che… Quando ti sento dire che…
- Mi sento… quello che sento nel mio cuore, nel mio corpo
- Perché ho bisogno di…
- Mi piacerebbe che tu…

Questi passi sono alla base della suddetta "comunicazione non violenta", il che non significa che io accetto le botte, il non rispetto, ma vuol dire che mi pongo nei confronti di me stesso e dell'altro in modo rispettoso, senza attaccare, senza prevaricare o dominare.

Questo fa sì che la relazione sia alla pari, una relazione di crescita!

Riporto alcuni esempi tratti da questi testi:

- Quando mi dite che il mio disegno non è bello
- Mi sento triste e solo perché ho bisogno di amicizia
- Siete d'accordo a dirmi che cosa non vi piace nel mio disegno?

- Non mi volete a giocare con voi, quando mi dite "tu non giochi"
- Mi sento confuso e ho bisogno di capire
- Siete d'accordo a spiegarmi il perché non posso giocare

- Non mi date la bambola, quando mi dite "la bambola è nostra"

- Mi sento arrabbiata perché ho bisogno di essere sicura e di poterci giocare anch'io.
- Siete d'accordo a giocarci insieme per un po'?"

Questo modo di relazionarsi ha successo perché a nessuno piace essere criticato, a nessuno piace che l'altro si ponga in modo prevaricante. Esprimere i nostri bisogni, i nostri sentimenti e fare delle richieste che non siano delle pretese ci consente davvero di vivere meglio!

Voglio citare, inoltre, una storia che insegna a gestire la rabbia, intitolata "Le emozioni di Piccola Tartaruga", che è una favoletta che racconta di una piccola tartaruga a cui viene insegnato il segreto delle tre mosse.
Quando siamo infuriati, possiamo:
1. fermarsi
2. ascoltare le proprie emozioni e i propri pensieri
3. respirare, gonfiando la pancia come un palloncino per almeno cinque volte.

Imparare a sfogare la rabbia in modo costruttivo sicuramente è assai utile e gli sport aiutano molto in questo senso, infatti anche soltanto saltare libera dalle tensioni e dalle preoccupazioni.

Quindi, chiaramente invito tutti a praticare del movimento in modo costante: gli adulti almeno venti minuti due volte a settimana, i bambini tutte le volte che è possibile, perché per loro è ancora più determinante.

Mi auguro, inoltre, che possiate trovare quei dieci minuti al giorno per il rilassamento perché quell'intervallo diventi un tempo per ricaricarsi, per riconciliarsi con se stessi e con il mondo.

Se educhiamo noi stessi e gli altri al rispetto e all'amore verso il proprio corpo, verso l'ascolto delle proprie emozioni, verso la scelta accurata delle parole, sicuramente faremo un percorso di vera crescita!

Oggi non si parla tanto di etica, ma credo che questa parola vada "ripescata" perché è sicuramente salutare fare delle scelte di valore!

Gli strumenti che da sempre sono stati utilizzati per educare piccoli e grandi a conoscere il mondo interiore, ad entrare in contatto profondo con il loro interno, sono state le fiabe e le favole.

E questo non è certamente cambiato, anzi, oggi assumono un valore ancora più grande, perché, essendo spesso spostati nella realtà digitale e virtuale, rischiamo di perdere il contatto con il mondo emotivo e questo, sappiamo tutti molto bene quanto sia pericoloso.

Se non si ascoltano le emozioni... prima o poi da qualche parte fuoriescono e quindi poi si creano malesseri, malattie psicosomatiche, disagio psicologico, ansia...
È davvero necessario fare questa scelta, educhiamoci e aiutiamo l'altro a stare in contatto le proprie emozioni!

Vi presento un breve percorso con alcune storie, ma c'è davvero da sbizzarrirsi, in quanto il panorama della narrativa è vastissimo, con fiabe e favole stupende, senza nulla togliere a quelle tradizionali, sempre validissime.
Vi invito ogni tanto a fare un tuffo in libreria perché ci sono dei libri meravigliosi, curatissimi anche nelle illustrazioni.
E quindi... non rimane che lasciarsi coccolare da queste storie...

La favola che adesso vi presento affronta il tema della paura in modo divertente. Si può cogliere così l'occasione non solo per fare un bel disegno collegato alla storia, ma soprattutto per prendersi il tempo necessario affinché si possano raccontare le proprie paure, senza il timore di esprimerle.

È molto importante guidare i bambini a riconoscere i segnali del corpo tipici di quando... temiamo qualcosa, di quando siamo tristi o arrabbiati... Educhiamo, pertanto, i bambini (oltre che noi stessi), a diventare consapevoli di questi segnali, che ci portano a comprendere le emozioni, così da poter successivamente prestare attenzione ai pensieri che le hanno suscitate.

Questa fiaba si intitola "Il fantasma spaventamostri" di Renata Gostoli e Lucia Gazzaneo e racconta che su una verde collina c'era in un piccolo paese un castello e il fantasma che lo abitava era speciale, perché di notte curava ogni singolo fiore, toglieva le parti secche, bagnava le radici...

Un giorno il castello fu acquistato e trasformato in un albergo di lusso, il fantasma Tuli Fan non si trovava più a suo agio e decise di andarsene. Decise di trasferirsi in una casetta color del grano... e, mentre la stava perlustrando, sentì il pianto di una bambina terrorizzata.

La bambina indicò al fantasma l'armadio dove c'erano i mostri... Tuli Fan non credette alla bimba, ma quando lo aprì... accadde il caos, nella stanza si riversarono più paure di quanto lui ne potesse immaginare!

Erano terribili: un mostro nero con le braccia spalancate e una bocca piena di interminabili denti aguzzi, un drago giallo con la schiena appuntita che sputava fuoco dalla bocca e poi uscì un serpente che sibilava e fischiava minaccioso pronto a scattare.

Il fantasma prima tremò, ma poi si infuriò, prese a botte il mostro nero, attorcigliò il serpente e con l'aiuto della bambina vinse il duello con il drago.

Appena ebbe ripreso fiato, il fantasma svelò alla bambina un'infallibile formula per vincere la paura dei mostri e insieme la dissero a voce alta... così tutti i mostri sparirono dalla stanza!

Tuli Fan e la bambina si misero a cantare e a ballare, si raccontarono la loro storia e... diventarono amici! Tuli Fan aveva trovato una bella amica e una bella casa dove vivere felice!

Prima di presentarvi un'altra favola, vi invito, a lettura conclusa, a fare liberamente un disegno, che può essere il protagonista o l'ambiente o un momento della storia che più vi ha colpito, ma quello che più mi preme per stimolare una riflessione sul vissuto emotivo dei personaggi è chiedervi:

Come si sente il pesciolino grigio? Come si sentiva all'inizio e come alla fine della favola?

E voi, cosa ne pensate di questo pesciolino grigio? Cosa pensate degli altri pesciolini?
Cos'è che vi è piaciuto e cosa invece non vi è piaciuto per niente di questa favola?
La favola, che si intitola "Il pesciolino grigio" ed è di Massimo Mostacchi, narra che in una zona tranquilla vivono colorati pesciolini felici, ma tra loro ce n'è uno grigio che talvolta è perfino trasparente ed è triste perché nessuno lo considera.

A differenza degli altri pesci, il pesciolino grigio può muoversi indisturbato per tutti i fondali perché nessuno sembra vederlo e lui farebbe qualsiasi cosa per guadagnarsi l'amicizia degli altri pesci.
Il pesciolino grigio, emozionato, racconta agli altri la scoperta della pioggia e dell'arcobaleno, ma gli altri li conoscevano già e lo lasciano solo e deluso. Un mattino, un pescatore getta le reti dove l'arcobaleno si scioglie nel mare, proprio dove i pesciolini nuotano con grande impegno per raccogliere i colori e, approfittando di quel preciso momento, il pescatore ritira le reti.
Quando i pesciolini si accorgono di essere in trappola è troppo

tardi, ma il pesciolino grigio vuole salvarli! Si accorge di un corallo tagliente e velocemente vi aggancia la maglia della rete... la rete resiste al pescatore che, tirando, la strappa e lascia uscire tutti i pesciolini.

Finalmente liberi, tutti i variopinti abitanti del Golfo circondano il pesciolino grigio facendogli festa! Sono stati salvati proprio da chi avevano maggiormente disprezzato!
Un'altra favola utile per guidare i bambini, ma anche i grandi, nell'esplorazione del proprio mondo interno, è "La sfera delle meraviglie" di Arcadio Lobato che ha come protagonista una bambina e le domande da porsi alla fine possono essere:

Che emozioni e che sentimenti prova questa bambina?
Come si sente all'inizio della storia? E come alla fine?
Che cosa ha scoperto di importante questa bambina?
Quale sfera delle meraviglie... avete anche voi?

Dopo la lettura o l'ascolto di un testo narrativo, è sempre utile disegnare liberamente, utilizzando matite, pennarelli, cere... perché aiuta a fissare l'emozione del momento e ad interiorizzare il messaggio che sicuramente giungerà chiaro, anche se solo a

livello inconscio.
E ricordate sempre di dare il titolo alla vostra opera!

"In un paese lontano, c'erano tanti castelli e in ciascuno viveva una principessa che stava sempre in casa e non giocava con le altre. L'unico divertimento era la sfera delle meraviglie, perché permetteva loro di vedere cose stupende!
Un giorno, la sfera della principessa Coroncina d'oro si guastò, perciò, tristissima, si allontanò dal castello per recarsi dall'omino che poteva ripararla. La principessa riuscì a farla aggiustare, ma... mentre ritornava al suo castello, la sfera cadde sotto un ponte...
Coroncina d'oro piangeva disperata... quando sentì qualcosa nei capelli... per la prima volta in vita sua vide una vera farfalla!
La rincorse, ma più che correre volava e rideva in mezzo a centinaia di farfalle, scoprendo i colori e i profumi del mondo. Vide il mare e sentì la spuma nel vento, nonché fosse allegra o divertita, per la prima volta era proprio felice.

Venne la notte e la principessa ebbe paura, ma il buio si accese di mille lucciole e Coroncina d'oro fu di nuovo felice!
La principessa, appena tornò al paese, raccontò la sua avventura e così tutte le bambine impararono a correre nei prati e a rotolarsi

sull'erba. Conobbero finalmente una sfera delle meraviglie molto più grande bella e fantastica di qualsiasi sfera di cristallo!

Capitolo 8:
Come riconoscere le proprie emozioni

Bentornati! Oggi iniziamo con l'ascoltare una musica molto ritmica e a muoverci per risvegliare il corpo, per scioglierlo, cercando di allentare tutte le possibili tensioni, per rallegrarlo e, nello stesso tempo, rendere il movimento sempre più fluido, sempre più armonioso e più coordinato.

Non bisogna preoccuparsi di riuscire, occorre semplicemente provare piano piano. Sono movimenti che tutti, bambini, adulti, ragazzi, nonni, possono fare e ognuno lo fa con a seconda delle proprie possibilità.
Non bisogna superare nessuno, non c'è nessuna competizione. La finalità è semplice: la musica risveglia il corpo perché il corpo vuole stare bene! E noi finalmente l'ascoltiamo e ci muoviamo per la semplice gioia di muoversi!

Ci muoviamo, inventando tutti movimenti possibili, cambiando livello, cioè non solo in piedi, ma anche seduti, in ginocchio, sul fianco, distesi...Proviamo poi a giocare con qualcuno e a fare il "gioco dello specchio".

In questo gioco c'è chi conduce il movimento e muove il corpo, sia in piedi che seduti o distesi sul fianco, sia a pancia in giù che a pancia in su o in ginocchio e il nostro compagno che fa lo specchio imita ogni nostro movimento.
Allo stop della musica c'è il cambio ed è bello scoprire come la stessa musica ispiri movimenti completamente diversi e questo va ad ampliare la nostra creatività e la nostra intelligenza corporea!

Questo "gioco dello specchio" è molto utile per i bambini, perché allo "stop" imparano a verificare se davvero sono stati attenti ed hanno imitato l'altro e così si possono introdurre concetti astratti, come: forma aperta, forma chiusa, forma mista, linea orizzontale, linea verticale, linea curva, linea obliqua.

Tutte le volte si possono scoprire ad esempio in quanti modi si possono fare le forme aperte, perché se ne possono realizzare diverse: ovviamente quella in piedi non è uguale a quella da seduti, quella in ginocchio non è uguale a quella da distesi...
È molto importante imparare a fermarsi allo "stop" anche ad occhi chiusi, realizzare la forma o la linea e sentirla sempre ad

occhi chiusi, poi occorre verificare se davvero ci si immaginava di essere in quella posizione.

È molto interessante far seguire a questa attività la visione di opere d'arte, ad esempio di Paul Klee, Mondrian o Kandinsky, dove è possibile ammirare le loro linee, le loro forme... e, sullo stimolo di questi grandi artisti, disegnare anche noi linee, forme, punti...

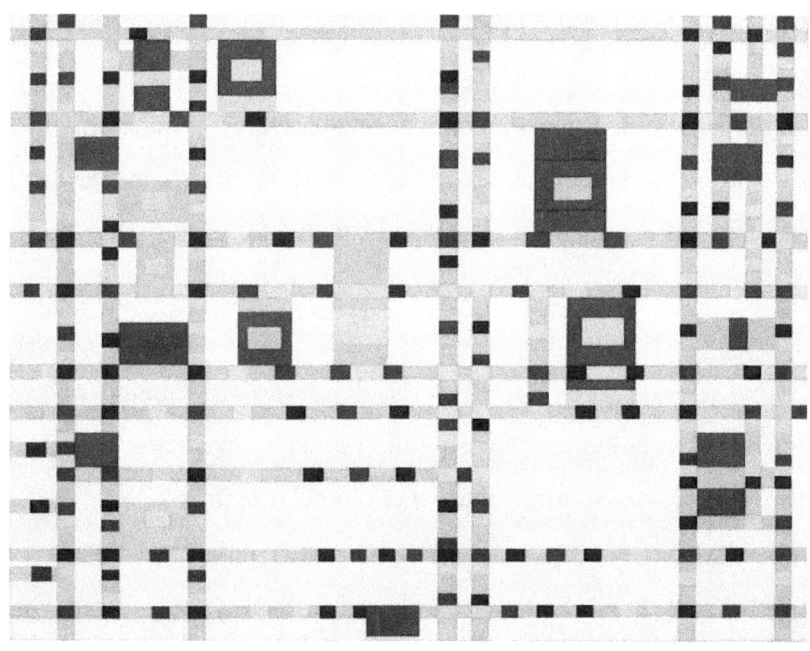

Iniziamo col chiederci:

- La musica ritmica come mi fa muovere?
- Qual è il movimento che suscita in me?
- Faccio solo movimenti segmentari?
- Come mi arriva al corpo?
- Ci sono parti che preferisco di più muovere?

Occorre rendersi conto quali parti del corpo muoviamo meno e, piano piano, sperimentare l'unità di esso e il movimento a più livelli: in piedi, seduti, in ginocchio, distesi a pancia su e a pancia in giù e sul fianco.

È importante provare lentamente (senza forzare) a muovere il corpo attraverso la tecnica "ascensore", cioè salire e scendere in modo elastico e tranquillo, cambiando il livello, un po' su e un po' giù.

La cosa rilevante però è, al di là di questo movimento che permette di raggiungere flessibilità, armonia, elasticità e una notevole coordinazione, ascoltare il corpo nel movimento…

Mentre muovo ad esempio le spalle... sento le mie spalle... Sono nel qui ed ora!
Che un movimento riesca meglio o peggio, che un giorno mi muova di più o di meno... non conta questo, ma semplicemente sentirsi! Perciò è davvero utile sperimentare il movimento a tutti i livelli.

Ora che siete diventati sempre più consapevoli del vostro corpo e del vostro movimento, vi siete resi conto di quale linea disegna il corpo nello spazio quando segue la musica ritmica?
Il ritmo ci fa realizzare delle linee spezzate e allora adesso riascoltiamo anche la stessa musica e, nel muoverci, diamo ancora più vigore a queste linee, creiamo un movimento che sia più fortemente spezzato per sentirlo in modo ancora più profondo.

Dopo averlo sentito bene, prendiamo un foglio del nostro album da disegno e i nostri colori e scegliamo quelli che appartengono a questa musica... come si fa? Basta chiedersi "Questa musica a quale o a quali colori mi fa pensare?".

E tracciamo linee spezzate sul foglio, che possono essere di più colori e di diversa lunghezza. Alla fine, quando avremo completato il nostro disegno, lo guarderemo dettagliatamente per appurare di aver davvero concluso e lo poseremo a terra per riguardarlo nel silenzio girando intorno al foglio. Perché?

Possiamo ridisegnare nello spazio, attraverso il movimento, quelle linee spezzate e, mentre ci muoviamo, possiamo sentire quello che stiamo facendo, seguendo il percorso delle linee.

Una volta sentito il movimento e avendone sperimentati diversi, possiamo dare un titolo al disegno, perché quella è una vera opera d'arte, frutto dell'esperienza. È un esempio di un'esperienza vissuta in prima persona e quindi merita un titolo, che può essere una frase, ma anche solo una parola. Tutto questo è una vostra creazione! Complimenti!

In questo ebook ho già parlato di emozioni perché fatichiamo a star loro vicino, a riconoscerle, ad accettarle, mentre la consapevolezza emotiva è ormai riconosciuta anche dall'Organizzazione Mondiale della Sanità come abilità di vita. Tra le varie abilità di vita, vi sono la capacità di costruire relazioni efficaci, la comunicazione efficace, la capacità di riconoscere l'emozione, saperla gestire, riuscendo a comprendere le parole e i pensieri che la suscitano.

Dato che questa è un'abilità di vita, occorre che il nostro ruolo di educatori, genitori o nonni preveda di guidare i bambini a riconoscere le emozioni, ad accettarle, qualunque esse siano, senza mai colpevolizzarle.

Per educare alla consapevolezza emotiva si può utilizzare prima di tutto la musica e l'arte, in quanto rappresentano veri veicoli di conoscenza, di apprendimento, di crescita!
La musica è soprattutto sensazione ed emozione e quindi occorre porci la domanda più preziosa: cosa sto provando? La musica può aiutarci anche a tirar fuori dei ricordi e, mentre ci mette in relazione con il nostro mondo interno, suggerisce immagini, sapori, profumi…

Quindi, scegliamo una musica piacevole, tranquilla, che in questo momento preciso ci convince e mettiamoci seduti a terra o distesi e, con gli occhi chiusi, lasciamoci andare al suo flusso... facciamola entrare dentro... mangiamola... portiamola sulla pelle, massaggiamola sul corpo... seguiamola... seguiamo il movimento che questa musica compie in noi, non siamo noi che ci muoviamo, ma è la musica che muove il corpo... Muoviamoci sul posto anche ad occhi chiusi... Gustiamocela...

Poi spostiamoci nello spazio ad occhi aperti e sentiamo l'emozione che suscita in noi... Assaporiamo il piacere portato dalla musica e dal movimento che compie in noi...
Sappiamo che le emozioni principali sono gioia, tristezza, paura, vergogna, disgusto, rabbia e quindi ci possiamo chiedere:

- Cosa proviamo?
- Come si sente il corpo che segue questa musica?
- Che movimento ci fa fare?
- Come ci sposta nello spazio?

- Ci fa rotolare?
- Ci fa saltellare?
- Come ci fa sentire?

Facciamola arrivare ad ogni parte del corpo. Quando sono chiare le emozioni e le sensazioni che abbiamo vissuto, possiamo trasformarle in disegno astratto. Faccio un esempio, se questa musica vi ha regalato una sensazione di dolcezza, potete fare una linea che si chiama Dolcezza. Se questa musica vi ha dato un'emozione di gioia, potete disegnare una o più forme che si chiamano Gioia.

Se questa musica vi ha dato la sensazione di leggerezza, potete disegnare dei punti di delicatezza. Quindi, usate i colori che secondo voi sono più appropriati per esprimere queste sensazioni ed emozioni e trasformatele in linea, in forma, in punti, in macchie di colore... Verrà sicuramente un disegno astratto, dove ci potranno essere appunto segni di gioia insieme a forme di calma e una linea di pace...

Prendete senza paura i colori e tracciate queste linee, queste forme, questi punti e colorate con pennarelli, matite, cere, tempere... L'importante è esprimere il proprio vissuto tramite questo tipo di disegno.

È un'esperienza da ripetere nel tempo, con musiche diverse, e ricordatevi che la vostra opera d'arte merita sempre un titolo!

Questo percorso intreccia la tematica delle emozioni con la musica e l'arte, per aiutarci a notare ogni colore e l'emozione che ci regala ogni sfumatura.

Vi propongo una fiaba e, a lettura conclusa, vi propongo di prendere l'album da disegno e realizzare un'opera con la tecnica che vi stimola al meglio, che sia un collage, con la pittura ad acquerello, con i gessi…
È importante ricordare che non ci sono maestri o professori, non ci sono né voti, né valutazioni, perciò disegniamo a seconda delle nostre capacità… Facciamo del nostro meglio e soprattutto a seconda di come ci sentiamo… Quindi il disegno che seguirà sarà un disegno libero perché la storia riuscirà ad ispirarne uno… Tutte le storie, come le immagini o come le musiche, ci risuonano dentro!

Pollicino alla scoperta dei colori
"Pollicino alla scoperta dei colori
vede il verde degli alberi e dell'erba fresca,
il rosso del fuoco e delle mele mature,

il giallo dorato del sole e quello acceso del girasole,
il marrone intenso della terra e lo sfumato delle cortecce ruvide e rugose degli alberi,
il nero del buio della propria ombra proiettata sulla parete
dalla luce argentata della Luna che penetra
dalla finestra della camera prima della nanna.
Vede l'arancione speciale delle arance
e dei mandarini profumati nel periodo del Natale.
Vede il bianco dolce e schiumoso delle onde
e il bianco liquido e denso del latte saporito del mattino.

Vede il blu e il celeste
nelle infinite sfumature del mare che va in profondità
e diventa più cupo e fa un po' di paura.
Ogni colore ha sua emozione, una sua storia,
mille sensazioni e pensieri si colorano quando si mescolano i ricordi
e allora nel disegno Pollicino sceglie di immergersi,
si tuffa per dipingere il suo mondo
e il colore poi…

diventa una storia che racconta un'emozione
e anche una faccia può diventare di colore diverso,

come le maschere che possono far ridere o spaventare,
come un sonaglio,
una collana a cui appendere pietre e colori diversi,
tante parti come un puzzle,
una forma che diventa di volta in volta diversa
e ogni tessera di un mosaico,
di un collage
che è un paese, un tramonto, una città, una montagna
e dentro un gigante, una fata o una strega.
Chissà… dove sta il principe?
E il folletto?
Dov'è la grotta segreta?
Dove sta il baule del tesoro sommerso?
Dove è finita l'arma appuntita o il pugnale di quel cacciatore?
Quale avventura, quale finale ha la storia del rosso?
Del verde?
Del celeste?

Pollicino disegna, dopo racconta e tutte le volte la storia colorata diventa come una strada, un percorso pieno di particolari, ostacoli e prove da superare, difficoltà e desideri da realizzare, non c'è un solo finale...

C'è un'infinità di strade possibili come i colori del mondo...
I colori nel mondo portano idee ed emozioni diverse e ognuno fa parte di noi, ognuno è un arcobaleno ricco di sfumature diverse, ognuno ha il proprio meraviglioso arcobaleno su cui viaggiare sereno, su cui cavalcare... avvicinandosi all'orizzonte e superando il limite del tempo... nello spazio della fantasia e della meraviglia!".

Siamo tutti artisti e sto per dimostrarvelo! Vi propongo una storia che vi chiedo di immaginare molto attentamente e, subito dopo, prendete i colori che preferite. Date poi un titolo alla vostra opera e stavolta, inoltre, scrivete in modo altrettanto libero una vostra poesia, una poesia che racconti il disegno!

I bambini piccoli, quando si sentono davvero liberi di esprimersi, sanno raccontare i loro disegni, addirittura anche quando fanno gli scarabocchi. Vi invito perciò a ritrovare questa libertà... a ritrovare la capacità di far parlare i vostri disegni!

Quel disegno, se lo guarderete bene, vi racconterà una storia, parlerà di emozioni, di sensazioni, perciò leggete con calma la favola e subito dopo... tuffatevi nel Mondo del Colore... e subito dopo ancora raccontatelo con le parole. Sono sicura che vi regalerete una straordinaria sorpresa! Questa favola non ha il titolo perché... possiate farlo voi!

"Un giorno la musica passò la parola al vento che iniziò dicendo: «Il suono lieve e leggero che sfiora i capelli delicatamente e accarezza la pelle rosea e paffuta è il mio suono, che il violino e il clarinetto hanno provato a rifare. Il rumore forte e potente del rombo del tuono è il suono che ha ispirato il tamburo, il timpano, le percussioni.»

Allora intervenne il sole a suggerire parole:

«Anch'io ho un suono caldo e possente che brucia e avvolge e il mio suono non arriva all'orecchio, ma solo ai corpi, solo ai fiori che aprono le corolle, il suono c'è, è come lo squillo di una tromba felice che sveglia al mattino e rinnova il buongiorno a tutti!»

Allora prese la parola la Luna:
«Il mio invece è un suono argentato, brillante nel buio, ma rilassante, che vuole coccolare e far riposare dolcemente con le note scandite una per una dai tasti del pianoforte.»
E allora il mare aggiunse:
«Il mio suono accompagna le grida dei bambini che giocano tra gli schizzi felici e vuole addolcire il cuore e riempirlo di gioia!»

Dunque non c'è né migliore, né peggiore, c'è solo un mucchio di sensazioni ed emozioni. C'è la paura che caratterizza il fulmine improvviso. C'è l'amore portato dall'acqua che scorre e scivola carezzevole sulla pelle e disseta. C'è la tristezza di una giornata di pioggia grigia al chiuso quando si ha voglia di uscire... Ma allora perché non ascoltare il gocciolio dolce e costante che bagna e sentirsi dissetati da tale frescura?

E poi ancora c'è la rabbia, che si scatena nel cielo del temporale e del mare, che batte forte contro gli scogli o della lavina, che si stacca dal monte con forza impetuosa e travolge, distrugge, ma tutte queste rabbie potenti, improvvise, sono rapide rapide e poi ritorna il sereno, si fa di nuovo pace e il silenzio troneggia, mentre il canto degli uccellini, il fruscio delle foglie e dei rami portano calma e sorrisi.

La noia è solo nel continuo ticchettare della sveglia o di un rumore sommesso della televisione. La natura non annoia perché è sempre diversa! Ha tonalità diverse, ha variazioni sul tema, ha pause, suoni acuti e gravi, crescendo e diminuendo. Non c'è un giorno uguale all'altro! Prova ne è la forma delle nuvole che cambia di continuo, il tramonto che sfuma e si apre in modo sempre espressivo e completo, l'alba che sorge ancora senza stancarsi, con colori uguali e diversi, diverse disposizioni, diverse forme sullo sfondo...

La musica allora ringraziò profondamente e decise di provare a regalare una melodia con tutte le caratteristiche, una melodia e un ritmo che parlassero di tutte le emozioni che ogni cuore può conoscere e che avesse tutte le sfumature: dall'intenso al debole, dal chiaro allo scuro, dal forte al dolce. E allora... ascoltate e ritrovate la voce! Ascoltate e ritrovate i colori del mondo! Coraggio... mettetevi al lavoro... senza giudizi.

La storia di Pollicino alla ricerca dei colori voleva farci sognare questo mondo fantastico, dove scoprire tutti i dettagli, tutti i colori, tutte le sfumature e ci ricorda una cosa molto importante: ogni tanto, noi adulti dimentichiamo che i bambini sanno disegnare, tutti quanti sono degli artisti! E noi grandi abbiamo il dovere e l'obbligo di riconoscere le loro opere d'arte e di non giudicare!
Noi possiamo proporre delle tecniche, come ad esempio insegnare come si fa un collage o delle sfumature o come si utilizzano i gessetti, ma non dobbiamo assolutamente mai giudicare i disegni dei bambini perché significherebbe bloccare una loro espressione autentica!
I bambini hanno bisogno di disegnare e di sentire che il loro prodotto vada bene così com'è! Quello che gli adulti dovrebbero e

potrebbero fare è chiedere: "Ma scusa mi racconti un po'"... "Questo elemento qui che cos'è?"... "Io sai non capisco"... "Dimmelo un po' te...".

Diamo cioè la possibilità ai bambini di raccontare il disegno, e la cosa che potrà sorprendervi è che molto spesso, se i bambini non li abbiamo bloccati con i nostri giudizi, con le nostre critiche, sanno non soltanto raccontare il disegno, ma da questo far nascere una storia ed era proprio quello che voleva comunicare Pollicino. Così i bambini possono, grazie al racconto orale del disegno, ampliare la loro capacità espressiva. Il disegno è un punto di partenza.

Quindi nessun giudizio! Nessuna critica! Diamo lo spazio alla fantasia e alla creatività, cosicché i bambini possano essere in grado di raccontarci delle storie stupende, già da quando sono molto piccoli!
E non potremmo anche noi darci il permesso di guardare la nostra opera e farla parlare? Perché non ritrovare questo talento?

I bambini, come d'altra parte noi grandi, devono poter utilizzare liberamente sia i colori che le forme che vogliono; tuttavia, dai cinque anni in poi, per prendere maggiore consapevolezza dei colori, possiamo suggerire queste attività e di nuovo ci viene in aiuto la musica.

La musica che sceglieremo sarà una musica ritmica, molto vivace, piena di energia e di forza e, come abbiamo già imparato, ci muoveremo liberamente sia sul nostro posto che nello spazio.

Dopo un primo ascolto, poniamoci la domanda: che colore o che colori ha questa musica?

Questa musica, che conferisce forza ed energia, la possiamo definire una "calda" e perciò possiamo utilizzare per il disegno colori ugualmente caldi e cioè giallo, arancione, rosso e marrone.

È appropriato, prima di passare al disegno, avere la possibilità di osservare immagini di vario tipo, dove ci siano solo questi colori, proprio per stimolare e focalizzare l'attenzione su questi.

Ognuno realizzerà il disegno in modo libero e all'inizio saranno dei disegni concreti che potrebbero essere, ad esempio, il sole al tramonto o le foglie dell'autunno, poi, piano piano, si può chiedere di disegnare in modo astratto e cioè attraverso forme, linee, punti, macchie di colore.

Questo aiuta la capacità di simbolizzazione e di espressione più profonda. Possiamo poi, in un altro momento, proporre una musica più calma e dolce e chiedere di utilizzare i colori freddi, cioè il verde, il blu, il celeste, il viola, ma anche stavolta è bene presentare immagini di vario tipo che contengano solo questi colori e, prima di dar loro questi colori, farli muovere sia sul loro posto che nello spazio.

Quando poi saranno più esperti in queste attività, potranno seguire la musica e visualizzarne i colori ad occhi chiusi.

Capitolo 9:
Come sentirsi liberi di esprimersi

Abbiamo riflettuto insieme sul valore delle parole e abbiamo provato a scrivere poesie ispirate proprio agli elementi della natura, ma perché la poesia? La poesia ha un'enorme valenza perché rappresenta il linguaggio dell'inconscio e, se noi ci diamo il permesso, potremmo scrivere poesie senza giudicarle, semplicemente esprimendo quello che è dentro di noi, proprio nel profondo del nostro cuore, della nostra anima e questo significa acquisire un'enorme libertà!

Ci sono sia bambini sia adulti che hanno paura di sbagliare mentre scrivono, ecco perché scoprire la possibilità della poesia è un canale di espressione incredibile! E, nella mia esperienza di insegnante, vi dico che anche bambini disabili e con disturbi specifici di apprendimento, una volta che scoprono questa via, si danno il permesso della libertà.

Quindi scrivere poesie libere significa vincere la paura del giudizio,

significa non aver paura del foglio bianco, significa buttare giù quello che viene e se si sbaglia non importa... L'importante è lanciarsi! Dare il via alle parole! Dare il via alle emozioni!
La consapevolezza emotiva ha un valore di forte prevenzione rispetto ad ogni forma di disagio perché, se noi siamo consapevoli delle emozioni, sappiamo gestirle al meglio e ritrovare più facilmente equilibrio e serenità. Iniziamo a scoprire il mondo della poesia...
È utile incominciare da un'esperienza che ha un'origine molto antica, cioè dalla lettura di questa famosa poesia di Cecco Angiolieri.

S'i fosse fuoco, arderei 'l mondo; s'i fosse vento, lo tempestarei; s'i fosse acqua, i' l'annegherei
S'i fosse Dio, manderei l' en profondo; s'i fosse papa, allor serei giocondo, ché tutti cristiani imbrigarei;
s'i fosse 'mperator, ben lo farei; a tutti tagliarei lo capo a tondo.
S'i fosse morte, andarei a mi' padre; s'i fosse vita, non starei con lui; similemente faria da mi' madre.
Si fosse Cecco com'i' sono e fui, torrei le donne giovani e leggiadre: le zoppe e vecchie lasserei altrui.

Questa poesia in certi punti è un po' violenta, ma va riconosciuto che il consentirci di liberare sul foglio vissuti pesanti è straordinariamente utile. Può essere davvero catartico utilizzare la scrittura ogni tanto per essere aggressivi e tirar fuori tutte le emozioni e tutti i pensieri che vorremmo allontanare o nascondere!

Adesso ci dobbiamo sentire liberi, ma così liberi da essere magici! Possiamo trasformarci in qualunque cosa, in qualunque animale, in qualunque personaggio e possiamo anche distruggere, anche punire, anche amare, anche viaggiare…

Quindi, come Cecco Angiolieri, scriviamo dei versi che iniziano tutti con "Se io fossi…", sentendo il potere della totale libertà! Possiamo davvero sfogarci… tanto non faremo leggere a nessuno questo testo… oppure scriveremo cose meravigliose! L'importante è che siamo consapevoli di… poterci trasformare!

Leggete queste frasi come esempi:

Se io fossi orecchie a sventola… sentirei meglio.

Se io fossi un'assassina… ucciderei Roberto.

Se io fossi un ombrello… camminerei da solo.

Se io fossi l'Australia… andrei in Danimarca.

Se io fossi una porta… mi chiuderei in faccia ciò che mi pare.

Se io fossi un libro… mi aprirei per far conoscere le mie cose agli altri.
Se io fossi una finestra… butterei giù tutti i miei professori.
Se io fossi il mare affonderei le petroliere e coloro che inquinano.
Se io fossi un miliardario… aiuterei i poveri.
Se io fossi un mago… tornerei piccolo.
Se io fossi un fantasma… farei paura a tutti quelli che mi stanno antipatici.

Se io fossi un piede… mi distruggerei in un campo dacalcio.
Se io fossi un dito… non vorrei dipendere dalla mano.
Se io fossi il nero… farei di tutto per diventare il bianco.

Adesso prendete il "diario di bordo" e scrivete la vostra poesia "Se io fossi…" con almeno dieci frasi! Forza! Via libera!

Completata la poesia "Se io fossi", possiamo andare ad esplorare il mondo delle metafore e quella poesia iniziale costituisce uno stimolo importante, perché la seguente, invece di incominciare con "Se io fossi", inizierà con "Io sono" e potremmo continuare questa frase minima ponendoci molteplici domande.

Ad esempio, se mi chiedessi... "Se io fossi un albero...", continuerei con domande del tipo:
"Che albero sono?", "In quale stagione mi trovo?", "Quale dimensione?", "Come mi sento?", "Come è la mia vita?", "Di cosa ho paura?", "Quali sono i mei desideri e i miei sogni?", "Se io fossi un fiore, che forma avrei?", "Di che colore?", "Quale profumo?", "Dove vivo?", "Come passo il tempo?", "Chi sono i miei amici?", "Se io fossi un animale, in quale casa vivrei?", "Quali hobby ho?", "Quali desideri?"

Le domande da porsi all'inizio sono:
"Se fossi... un fiore, un colore, un elettrodomestico, una stagione, un elemento della natura, un ambiente, una situazione meteorologica, un giocattolo, un cibo, un oggetto, una musica... sono..."
Una volta identificato l'elemento, si scrive la poesia al tempo presente, quindi ad esempio "Io sono il colore giallo...", "Io sono la primavera..."

Chiaramente, questa frase deve essere ricca di elementi e, affinché sia così, basta visualizzare! Perché, se io immagino la primavera, ovviamente concepisco nella mia mente alberi di un certo tipo, fiori e profumi precisi, colori...

È necessaria una visualizzazione completa, dove sono coinvolti tutti i cinque sensi per portare nella poesia suoni e rumori, profumi, odori, sapori, colori, sensazioni tattili. E chiaramente non si possono tralasciare le emozioni!

Scrivere una poesia che parla di noi in questo modo corrisponde ad una metafora! Basta quindi iniziare con "Io sono una tigre", "Io sono un libro di favole", "Io sono uno strumento musicale" ... e poi farsi più domande possibili (quale sono, come sono, dove sono, cosa faccio, come mi sento, a chi appartengo...). Più dettagli ci saranno e più il quadro sarà completo!

Questo modo di far nascere delle metafore è anche una modalità molto bella e diversa per comunicare con un ipotetico interlocutore, perché molto spesso quando critichiamo gli altri rischiamo di offendere e ferire e talvolta quelle parole possono anche essere poco recepite.

Mentre, ad esempio, se a qualcuno diciamo "per me tu sei un mare in burrasca senza pausa!", è ben diverso e più efficace dal dire "sei sempre agitato e con te non riesco mai a parlare".

Perché utilizzare la metafora?

Perché la metafora arriva all'anima, arriva all'inconscio e sicuramente è affascinante, se la si utilizza per comunicare qualcosa di positivo! Se ad una persona si dice ad esempio "Tu sei la luce del tramonto che sfuma all'orizzonte e che ritorna il giorno dopo sempre più splendente!", è chiaro che le state regalando un pensiero pieno di stima, di affetto, di bellezza, e senz'altro sarà molto apprezzato!

Buone metafore a tutti!

Capitolo 10:
Come realizzare il proprio mondo

Siamo alla conclusione di questo percorso e spero che ogni attività sia stata interessante e vi abbia parlato di voi, regalandovi emozioni e sensazioni. Ricordate la frase famosa del libro Il Piccolo Principe "L'essenziale è invisibile agli occhi"?
Il riferimento è chiaramente a ciò che non appare, cioè al mondo interno, al mondo delle emozioni, la nostra ricchezza, la ricchezza del cuore!

Questa frase è bellissima e certamente non la voglio sminuire, però vorrei aggiungervi qualcosa... E se poi gli occhi scoprissero, se gli occhi amassero, se gli occhi aiutassero ad amare ancora di più la vita, se gli occhi, cioè se ciò che è visibile (e quindi sapori, profumi, suoni e movimenti) aumentasse la nostra bellezza e la nostra qualità di vita?

Allora tutto diventerebbe essenziale, non soltanto ciò che sta nascosto dentro di noi... Innanzitutto quello che è nascosto dentro e tutto quello che è fuori di noi diventerebbe la stessa sostanza, la stessa comunione, lo stesso mondo!

Io sto concludendo questo percorso, ma voglio finire con l'invito a creare un vostro piccolo mondo, un giardino zen!

Occorre un contenitore di forma rettangolare o quadrata con sabbia e sassi come i classici giardini zen, ma... dal momento che siamo artisti possiamo utilizzare anche perline, semi, rametti, fiori secchi, petali, conchiglie.

Ho fatto utilizzare delle vaschette, che si usano solitamente per i dolci, e della sabbia bianca perché volevo che i bambini potessero disegnare il loro mondo come su una pagina bianca da riempire. Gli oggetti da porre dentro possono essere quelli che più preferiamo, ne sono sufficienti tre, cinque o sette.

Questo giardino vi stimolerà a stare concentrati, a staccare la spina dal pilota automatico, a rilassarvi e ricentrarvi ed è sufficiente che prendiate i vostri oggetti e li disponiate dentro; il giorno dopo, togliete gli oggetti e di nuovo metteteli dentro... talvolta ci saranno poche variazioni, altre volte grandi cambiamenti...

Nel mettere in ordine gli elementi, in qualche modo, si riordinano le idee, le emozioni, gli stati d'animo... Mi auguro che possiate divertirvi a costruire, di volta in volta, il vostro giardino, ma cercate anche di dargli la parola, anche solo una, una semplice frase... Guardatelo con gli occhi del cuore e ascoltate... quel piccolo mondo sicuramente racconta di voi!
Voglio lasciarvi con questa proposta... scegliete una musica ritmica per risvegliare il corpo e una tranquilla con una bella melodia per rilassarvi e lasciarvi guidare... poi leggete con calma questo testo tratto dal libro Creare Il Mondo di Douglas Wood.

"C'è un segreto che quasi nessuno conosce... ve lo svelerò se promettete di non dirlo a qualcun'altro... Il mondo non è ancora stato terminato... non è per nulla completo... Lo stanno ancora creando, ovunque voi volgiate lo sguardo, potete vedere e ascoltare qualcuno o qualcosa che sta contribuendo alla creazione del mondo.

Una brezza mattutina increspa l'acqua, creando delle piccole onde che bagnano la riva e toccano la terra, la sabbia viene modellata, i sassolini vengono levigati e il mondo viene cambiato. La brezza aiuta a creare il mondo!

Una farfalla colorata, solleticando l'aria con le sue ali delicate, fluttua come un fiore al vento, una farfalla aiuta a rendere la brezza più bella e aiuta a creare il mondo! Un fiore selvatico sboccia adorno di foglie e radici, come una farfalla che ondeggia nella brezza. Il fiore dona alla farfalla un dolce sorso di nettare e aiuta a creare il mondo!
E anche voi, facendo un castello di sabbia in riva al mare, sentendo l'aria tra i capelli, piegandovi ad annusare un fiore e sorridendo ad una farfalla, contribuite alla creazione del mondo!".

Adesso… realizzate il vostro personalissimo mondo e, mentre lo fate, siate lì presenti… ascoltatevi… sentitevi …

I giardini zen che vi presento sono stati creati da bambini di dieci anni… La magia ancora una volta si è manifestata… così dalla stessa esperienza sono nate stupende opere d'arte diverse e uniche… come ognuno di noi!

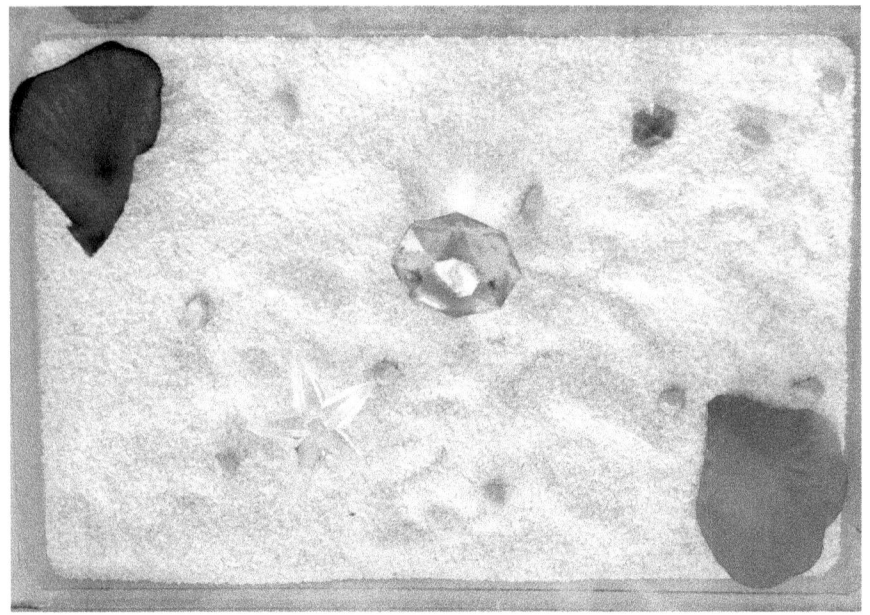

Ogni bambino alla fine ha raccontato con poesia libera il proprio meraviglioso Mondo... Quindi coraggio... osate anche voi! Avrete da ammirare!

Quel giorno ognuno ha regalato un verso al gruppo... è un grande dono poter condividere ciò che nasce dal corpo, dal cuore, dall'ascolto del Sé autentico e... desidero condividerlo anche con voi...
Leggete con calma...

"Tutti in ogni momento creano il mondo
così può iniziare un nuovo giorno...
perché è una realtà che noi creiamo.
Per creare il mondo ci vogliono amore e pace.

Il mondo è pieno di cose da scoprire e ammirare
 ed è questa l'essenza della Terra.
Il mondo puoi davvero renderlo tuo, lo puoi modellare,
ascoltare e ti puoi far sentire.
Il mondo è il nostro diamante e lo terremo per sempre.
Il mio mondo è creativo!

*Il mondo mi lascia muovere
e respirare con gran libertà...
Vorrei creare il mio mondo
con tutta la bontà e la gentilezza...
Nel mio mondo vorrei profumo di frutti.
Questa musica mi ha ispirato la tranquillità di un paesaggio in una calma mattinata di primavera...*

*Il mio è un mondo di serenità, senza ansia.
Il mio mondo è splendido,
è come se si stesse accendendo...
come se illuminasse tutto...
È come se le stelle mi abbracciassero calorosamente...*

Un giardino verde
con tanta erba che cresce,
i fiori che ondeggiano nell'aria profumata...
c'è una rosa multicolore come l'arcobaleno.
Questo giardino dona meraviglia!
È tutto silenzio.

Nel mio mondo ci sono tante emozioni fondamentali...
l'amore, il dolore, la paura, la tristezza...
formano la consistenza del mondo, sono essenziali!
Tutti gli elementi sono stati creati con cura e affetto,
non riuscivo a crederci... come se avessi una nuova sensazione:
la voglia di costruire.

Tante cose che ti portano in un posto segreto, magico, incantevole con tanti colori, musica e arte...
Se prendi una conchiglia senti lo spazio e... ti tranquillizzi.

Il mondo di spiaggia ha il sapore dolce della ciliegia e della fragola.
Il mare pulito trasparente con le onde alte
sollevate dal vento fresco...
Il mio mondo è a forma di cuore per il tanto amore.
Pacifico come una colomba.

Il mio mondo è bello come una rosa.
Quando lo guardi ti dà una sensazione di gran felicità e mistero...
e in mezzo il bianco brillante dove la terra è cosparsa di gioia...

La mia giungla è così spaziosa
che ci si può muovere liberamente!
Nel mio giardino rubini luminosi di tutti i colori del mondo…
e sassolini bianchi
che mostrano il divertimento dei bambini che giocano.

I giardini con l'odore di gioia ed euforia.
I boschi sono un labirinto magico pieno di sorprese,
le piante ballano con il vento,
gli uccelli volano liberi con il cielo…
I rami intricati degli alberi si riaprono
facendo spazio al sole.
Il mio bosco è illuminazione.

Se noi trasformassimo ogni cosa in musica
 ogni cosa avrebbe armonia con caratteristiche varie.
Se entrassimo dentro…
ci impegneremo
se vogliamo far brillare questo mondo…
In questo infinito speciale mi sento protetta e pimpante!

Bisogna lasciare la natura così com'è,

perché è così che si impara a vedere il bianco giardino .
Come se il mondo fosse rappresentato solo in un giardino speciale
per ogni essere umano del mondo.
Quando all'alba si sveglia,
c'è lo spettacolo più straordinario da ammirare.

Mondo pieno di felicità, luminosità
e colore libero e spensierato...
Questo è il mio mondo pieno di amore e sentimenti,
quello che sogniamo!

Conclusione

Durante questo viaggio insieme, abbiamo compreso che il tempo è vita, perciò occorre ritrovare il tempo e lo spazio per ascoltarsi, per meravigliarsi, per giocare e bisogna riflettere sul fatto che la consapevolezza, sorgente di benessere e salute, si acquisisce col tempo, regalando a noi stessi, ai nostri figli e ai nostri nipoti, momenti di calma e di rilassamento.

Il massaggio consente lo strutturarsi di una buona e completa immagine del Sé e momenti di relax aiutano ad accogliere il corpo nella sua interezza e ci consentono di ricaricare di buona energia sia il corpo che la mente. Diventare presenti a se stessi potenzia la nostra resilienza, ci rende più sicuri e l'attenzione al corpo e al movimento aumenta la nostra presenza e il nostro benessere.

È importante, pertanto, vivere in coerenza con il cuore, sentire l'appoggio e il contatto con la Terra per stare centrati e prestare attenzione alle mani e al loro messaggio.

La bellezza, la meraviglia, lo stupore, la gratitudine ci potenziano e stimolano la nostra felicità.

La crescita si acquisisce anche grazie all'ascolto della musica che ci risuona in un preciso momento e occorre prestare attenzione a: colori, sapori, profumi, immagini, sensazioni tattili, movimenti, emozioni e ricordi che essa suscita.

Se sperimentiamo tipologie diverse di movimento quando siamo in presenza, sentiamo cosa cambia nel corpo e diveniamo maggiormente coscienti oltre che di sé, dell'altro che si muove con noi e dello spazio–tempo.

La crescita avviene anche grazie alla presa di coscienza del fatto che le parole sono energia, hanno sapore e perciò dobbiamo sceglierle con cura nella comunicazione. Possiamo poi utilizzare le fiabe e le favole, che ci fanno entrare in contatto con il nostro mondo interno e sono uno stimolo interessante per entrare in contatto con i pensieri che soggiacciono dietro i sentimenti. Noi abbiamo il potere di modificare le parole e i pensieri e quindi di poter cambiare i nostri stati d'animo.

La relazione autentica con l'altro la possiamo apprendere grazie al "gioco dello specchio", che sviluppa l'empatia: attraverso il movimento della musica ci avviciniamo all'altro, abbandoniamo il giudizio e la critica e siamo più disposti a dare vita e a condividere il nostro vissuto emotivo che prende forma nel disegno. La poesia, tramite le similitudini e le metafore, ci permette, inoltre, di vincere tutte le resistenze e le titubanze, in modo tale che finalmente potremmo conferire parola piena e libera al nostro cuore. La vita è bella nella sua totalità di colori, di suoni, di profumi, d'emozioni, di movimenti… e tutto è essenziale e meraviglioso nella sua peculiarità!

Vi saluto con questo calorosissimo augurio di buon'appartenenza a voi stessi, al vostro corpo, al vostro cuore, al vostro mondo interno specchio del mondo esterno, al vostro meraviglioso pianeta… e, con l'augurio sentito di Buona Vita, vi ringrazio per la fiducia!

Se volete, potrete contattarmi tramite mail: profeti.alessandra@gmail.com o su Facebook e WhatsApp.

Alessandra Profeti
Consapevolezza Felice

www.ingramcontent.com/pod-product-compliance
Lightning Source LLC
Chambersburg PA
CBHW050909160426
43194CB00011B/2332